【目　次】

JN118801

Ⅱ　マイホームを取得・購入・増改築された方

1．住宅ローン控除 ———————————————————— *29*

Ⅲ 所得税の確定申告の仕方

Ⅳ　贈与税の申告の仕方

 Ⅴ　事例でわかる 所得税・贈与税の賢い申告の仕方

Ⅰ マイホームを売却された方

マイホームを売却した際には、
譲渡所得として所得税の計算をしなければなりません。
その際に利益がある場合と損失がある場合によって、取扱いが異なってきます。

1. 譲渡所得の計算の仕方

（1）長期と短期の区分

譲渡した土地建物等の所有期間が長期か短期かにより譲渡所得の税額の計算方法が変わります。長期と短期の区分は次によります。

長期	譲渡した年の1月1日における所有期間が5年超のもの
短期	譲渡した年の1月1日における所有期間が5年以下のもの

※譲渡時期について

譲渡した年とは、原則として、売買などの譲渡契約に基づいて引き渡した日の属する年をいいますが、売買契約などの効力発生の日（一般的には契約締結の日）の属する年を譲渡した年とすることもできます。

※長期、短期の簡易判定

長期か短期かの判定は、譲渡した年から取得した年を控除し、その数字が6以上であれば「長期」に該当します。

（例1）

譲渡した年：令和4年8月10日
取得した年：平成29年5月20日
上記の場合だと・・・
令和4年－平成29年＝5年 ∴5年以下⇒短期

（例2）

譲渡した年：令和4年8月10日
取得した年：平成28年5月20日
上記の場合だと・・・
令和4年－平成28年＝6年 ∴5年超⇒長期

（2）譲渡所得の金額の計算

譲渡所得は次の算式により計算することとなります。

> 譲渡所得＝譲渡収入金額−（取得費＋譲渡費用）

（注）固定資産税の精算金を受取った場合は、その金額を譲渡対価の額に加算しなければなりません。

> 中古住宅の譲渡取引において、売主が納税義務を負うことになる1年分の固定資産税を物件の引渡し日を基準に買主と売主の負担額を求め、買主が売主に支払うその精算金のこと。

（3）取得費

❶ 取得費の原則

次のいずれか大きい方の額を選択できます。

> 1. 〔資産の取得に要した金額 ＋ 設備費改良費〕 − 家屋等減価する資産のときは償却費相当額
> 2. 譲渡収入金額 ×5％（概算取得費）

●資産の取得に要した金額に含まれるもの

資産の取得に要した金額に含まれるものは、下記のとおりです。
　購入代金・購入手数料・立退料・印紙代・登録免許税（登記に関する費用も含む）
　不動産取得税・その他取得のために要した費用等
（注）事業用資産については、上記の中に必要経費に算入するものもありますので、取扱いに注意してください。

●償却費相当額の計算

減価の額＝取得価額×0.9×償却率（A）×経過年数（B）　（取得価額×95％が限度）

A　非業務用資産の償却率（建物の耐用年数の1.5倍の年数に対する旧定額法の償却率）

区分	木造	木骨モルタル	（鉄筋）鉄骨コンクリート	金属造①（注）	金属造②（注）	金属造③（注）
償却率	0.031	0.034	0.015	0.036	0.025	0.020

（注）「金属造①」軽量鉄骨造のうち骨格材の肉厚が3mm以下の建物
　　　「金属造②」軽量鉄骨造のうち骨格材の肉厚が3mm超4mm以下の建物
　　　「金属造③」軽量鉄骨造のうち骨格材の肉厚が4mm超の建物

B　非業務用期間の年数
　6か月以上は1年とし、6か月未満は切捨てとなります。
　①15年4か月 → 15年
　②15年8か月 → 16年
（注）住宅を賃貸していたなど事業の用に供していた期間がある場合は計算方法が異なりますので注意してください。

❷ 取得費が不明の場合

① 概算取得費の選択

　　取得費が不明の場合は、譲渡収入金額の５％を概算取得費とすることができます。

② 取得価額の内訳が不明の場合【建物と土地を一括で購入している場合】

　　購入時の契約において建物と土地の価額が区分されている場合には、土地・建物の価額は明らかですが、建売住宅等の場合には区分されていない場合もあります。このような場合には次のような考え方から土地及び建物の取得価額を導き出します。

（イ）契約書に記載されている消費税額から『建物の取得価額』を求める

　　土地の売買には消費税は課税されません。従って、消費税額の記載がある場合には当該消費税は建物に課されていると判断できますので『建物の取得価額』を計算することができます。

$$\text{当該建物の消費税額} \times \frac{1+\text{消費税の税率}}{\text{消費税の税率}}$$

（※）消費税の税率〔 H1.4.1 ～ H9.3.31：3%、H9.4.1 ～ H26.3.31：5%、H26.4.1 ～ R1.9.30：8%、R1.10.1以降：10% 〕

（ロ）建物の標準的な建築価額表を基に『建物の取得価額』を求める

　　購入時の契約において建物と土地の価額が区分されていない場合には、建物と土地の購入時の時価の割合で区分するのですが、国税庁が発表している《建物の標準的な建築価額》（11頁）を基に『建物の取得価額』を計算しても差し支えありません。

イ　新築の建物を購入している場合

　　売却した建物の建築年に対応する建物の標準的な建築価額 × 建物の床面積 ＝ 建物の取得価額

ロ　中古の建物を購入している場合

　　売却した建物の建築年に対応する建物の標準的な建築価額 × 床面積 － その建物の建築時から取得時までの経過年数に応じた償却費相当額 ＝ 建物の取得価額

❸ 相続等があった場合の取扱い

① **取得費について**

　　贈与、相続又は遺贈により不動産等を取得した場合において、これらの事由により資産を取得するために通常要する費用については、下記の取扱いとなります。

イ　取得費に加算するもの
- 登録免許税（登記に関する費用も含む）
- 不動産取得税など

ロ　取得費に加算できないもの
- 遺産分割の際の訴訟費用・弁護士費用などの支出

（注）上記取扱いは自宅等の非業務用資産の取扱いを記載しております。事業用資産については、取扱いが異なりますので注意してください。

※譲渡所得の計算上、取得費について概算取得費（譲渡収入金額×5％）の適用を受ける場合は、資産を取得するために通常要する費用を取得費に含めることはできません。

② **相続税の取得費加算について**

　　相続財産を相続税の申告書の提出期限（相続の開始があったことを知った日の翌日から10か月以内）の翌日から3年以内に譲渡した場合、次により計算した金額を取得費に加算することができます。（この取得費加算をする前に計算した譲渡益を限度とします。）

$$\text{その者の相続税額} \times \frac{\text{譲渡した資産に係る相続税評価額}}{\text{相続税額にかかる課税価格（債務控除前）}}$$

（4）譲渡費用

　　次のような費用が譲渡費用になります。

---

① 資産を譲渡するために直接要した仲介手数料・運搬費・測量費・契約書の印紙税・売渡証書作成費用等
② 譲渡のために借家人を立退かせる場合の立退費用
③ 土地を譲渡するためにその土地の上にある建物等の取壊費用・除却した場合の譲渡に関連する資産損失相当額
④ 土地を譲渡するために既に締結されていた土地の譲渡契約を解除する際に支払った違約金等
⑤ その資産の譲渡価額を増加させるためにその譲渡に際して支出した費用

譲渡費用にならないもの

●譲渡資産の修繕費（⑤の場合を除く）、固定資産税など

※資産の維持管理に要した費用は、その資産の使用収益によって生ずる所得に対応する費用となり、資産の増加益である譲渡所得に対応する譲渡に要した費用とはなりません。

●抵当権抹消費用など

【参考資料】建物の標準的な建築価額

（千円／㎡）

建築年	木造 木骨モルタル造	鉄骨鉄筋 コンクリート造	鉄筋 コンクリート造	鉄骨造
昭和 58年	102.2	168.0	143.8	94.3
59年	102.8	161.2	141.7	95.3
60年	104.2	172.2	144.5	96.9
61年	106.2	181.9	149.5	102.6
62年	110.0	191.8	156.6	108.4
63年	116.5	203.6	175.0	117.3
平成 元年	123.1	237.3	193.3	128.4
2年	131.7	286.7	222.9	147.4
3年	137.6	329.8	246.8	158.7
4年	143.5	333.7	245.6	162.4
5年	150.9	300.3	227.5	159.2
6年	156.6	262.9	212.8	148.4
7年	158.3	228.8	199.0	143.2
8年	161.0	229.7	198.0	143.6
9年	160.5	223.0	201.0	141.0
10年	158.6	225.6	203.8	138.7
11年	159.3	220.9	197.9	139.4
12年	159.0	204.3	182.6	132.3
13年	157.2	186.1	177.8	136.4
14年	153.6	195.2	180.5	135.0
15年	152.7	187.3	179.5	131.4
16年	152.1	190.1	176.1	130.6
17年	151.9	185.7	171.5	132.8
18年	152.9	170.5	178.6	133.7
19年	153.6	182.5	185.8	135.6
20年	156.0	229.1	206.1	158.3
21年	156.6	265.2	219.0	169.5
22年	156.5	226.4	205.9	163.0
23年	156.8	238.4	197.0	158.9
24年	157.6	223.4	193.9	155.6
25年	159.9	256.0	203.8	164.3
26年	163.0	276.2	228.0	176.4
27年	165.4	326.5	240.2	197.3
28年	165.9	308.4	254.2	204.1
29年	166.7	350.4	265.5	214.6
30年	168.5	304.2	263.1	214.1
令和 元年	170.1	363.3	285.6	228.8
2年	172.0	279.2	277.0	230.2
3年	172.2	338.4	288.3	227.3

（注）《建築着工統計調査報告（年計）》（国土交通省HP参照）を基に、1㎡当たりの工事費予定額を計算し、建築価額としています。

2. 各種特例規定の判定

　譲渡所得の金額が算出されると、次は譲渡所得の特例が適用可能かどうかの判断となります。下記の判定チャートに従って該当する項目を参考にしてください。

◆各種特例規定の判定チャート

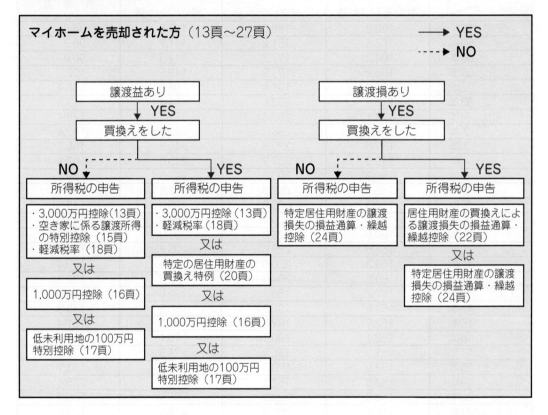

マイホームを売却された方（13頁〜27頁）　　　　　　　──→ YES　　　----→ NO

譲渡益あり	譲渡損あり
YES	YES
買換えをした	買換えをした

NO ← / → YES（譲渡益あり）

所得税の申告	所得税の申告
・3,000万円控除（13頁） ・空き家に係る譲渡所得の特別控除（15頁） ・軽減税率（18頁） 又は 1,000万円控除（16頁） 又は 低未利用地の100万円特別控除（17頁）	・3,000万円控除（13頁） ・軽減税率（18頁） 又は 特定の居住用財産の買換え特例（20頁） 又は 1,000万円控除（16頁） 又は 低未利用地の100万円特別控除（17頁）

NO ← / → YES（譲渡損あり）

所得税の申告	所得税の申告
特定居住用財産の譲渡損失の損益通算・繰越控除（24頁）	居住用財産の買換えによる譲渡損失の損益通算・繰越控除（22頁） 又は 特定居住用財産の譲渡損失の損益通算・繰越控除（24頁）

（1）居住用財産の3,000万円特別控除

不動産の譲渡益については所得税・住民税が課税されますが、マイホームの売却については、一定の条件を満たすと、譲渡益から3,000万円を上限に控除してから譲渡税（譲渡所得に係る税金である一定の所得税及び住民税の総称）の計算をすることができます。譲渡益が3,000万円以下であれば、所得税・住民税がかかりません。この特例は、マイホームの所有期間に関係なく適用を受けることができます。

■ 適用を受けるための条件

次の条件をすべて満たしていることが必要です。

● 居住の用に供している**家屋を譲渡**した場合又は**家屋とその敷地を譲渡**した場合
　※土地のみの譲渡に関しては、原則として適用がありません。ただし、災害による家屋の滅失や、家屋を取り壊してから1年以内の譲渡など一定の場合には適用を受けることができます。
● 居住の用に供さなくなってから3年を経過する日の属する年の年末までに譲渡していること
● **譲渡する相手が、配偶者、直系血族（祖父母、父母、子、孫など）、同居親族など特殊関係者**ではないこと
● 譲渡年の前年又は前々年に『3,000万円特別控除（空き家に係る譲渡所得の特別控除の特例を除く）』、『居住用財産の買換え、交換の特例』、『居住用財産の買換え等による譲渡損失の損益通算及び繰越控除』、『特定居住用財産の譲渡損失の損益通算及び繰越控除』等の適用を受けていないこと

■ 併用して適用を受けることができないもの（適用除外）

固定資産の交換特例・特定の事業用財産の買換え及び交換の特例・住宅ローン控除・認定住宅等を新築等した場合の特別控除など

■ よくある質問・・・

❶ 住民登録していなくても適用は受けることができる？

3,000万円控除の規定は、居住していた資産についての特例ですので、譲渡した資産の所在地において住民登録をしていなくても、その資産に居住していたことを公共料金等の書類で証明できれば、適用を受けることができます。しかし、居住していないのに住民票だけ転入していた場合などは適用を受けることができません。

これは、他の居住用財産の特例についても同じです。

❷ 敷地と建物の名義が異なる場合は？

仮に、敷地が夫と妻の共有名義、家屋が妻単独の名義になっている住宅を売却した場合、3,000万円控除は基本的に家屋を譲渡したことによる特例であるため、家屋と敷地を一緒に譲渡する妻は適用を受けることができますが、土地の名義しかない夫は適用を受けることができません。しかし、妻の譲渡益が3,000万円に満たず、控除不足額がある場合には、

その控除不足額を限度として夫の譲渡益から控除して計算することができます。この場合には、次の要件を満たしていることが必要です。

●家屋とともに土地の譲渡があったこと
●家屋の所有者と土地の所有者とが親族関係にあり、生計を一にしていること
●土地の所有者が家屋の所有者とともにその家屋に住んでいること

❸ 単身赴任の場合は？

　譲渡した者が、転勤などやむを得ない事情で単身赴任しており、家族のみが居住していた住宅を売却した場合には、その事情が解消した時にはその譲渡した家屋において配偶者等と同居する予定であったのであれば、その譲渡した者にとっても「居住の用に供している家屋」として3,000万円控除の適用を受けることができます。

❹ 3,000万円特別控除と特定の居住用財産の買換え特例はどちらがトク？

　3,000万円特別控除と買換え特例は併用適用することができないため、買換えをされた方はどちらか有利な方を選択していただくことになります。この場合、どちらが有利になるかは個々の状況により異なります。

　特定の居住用財産の買換え特例は、次回の売却時まで課税を繰り延べているだけですので、3,000万円控除を利用して譲渡税が発生しない場合には、3,000万円控除を利用する方が有利です。また、買換資産を近い将来売却する予定がある場合などは、多少の譲渡税が発生したとしても、3,000万円控除を利用したほうが有利なケースもあります。

　また、3,000万円特別控除と特定の居住用財産の買換え特例は、住宅ローン控除との併用適用もできないため、住宅ローンで買換資産を購入した方は、住宅ローン控除も含めて有利選択をする必要があります。この場合についても個々の状況により異なりますが、一般的には譲渡税の節税額と住宅ローン控除を10年間又は13年間適用した場合の控除額の合計額を比較して有利な方を選択することになります。

（2）空き家に係る譲渡所得の特別控除

　相続開始の直前において被相続人の居住の用に供されていた一定の要件を満たす家屋及びその土地等を相続した相続人が、一定の耐震基準に適合する改修を行った後に譲渡した場合又は取壊し後に更地の状態で譲渡した場合、居住用財産を譲渡した場合に該当するものとみなして、居住用財産の3,000万円特別控除の適用を受けることができます。

■ 適用を受けるための条件

　次の条件をすべて満たしていることが必要です。

●以下のすべての要件に該当する被相続人の居住用家屋が対象
　① 昭和56年5月31日以前に建築された家屋であること
　② 建物の区分所有等に関する法律第1条の規定に該当する建物でないこと
　③ 相続開始の直前において、被相続人以外に居住していた者がいない家屋であること

●次の①及び②の期間中の譲渡が対象
　① 平成28年4月1日から令和5年12月31日までの譲渡
　② 相続開始時から相続の開始があった日以後3年を経過する日の属する年の12月31日までの譲渡

●譲渡対価の額が1億円以下である譲渡が対象

●改修工事をした後に譲渡する場合
　① 相続の時から譲渡の時まで、事業の用、貸付の用又は居住の用に供されていたことがないこと
　② 譲渡の時において一定の耐震基準に適合していること

●居住用家屋の除却、全部の取壊し又は滅失後に居住用家屋の敷地等を譲渡する場合
　① 相続の時から除却等の時まで、事業の用、貸付の用又は居住の用に供されていたことがないこと
　② 相続の時から譲渡の時まで、事業の用、貸付の用又は居住の用に供されていたことがないこと
　③ 除却等の時から譲渡の時まで建物又は構築物の敷地の用に供されていたことがないこと

●同一の被相続人から相続又は遺贈により取得した被相続人居住用家屋又は被相続人居住用家屋の敷地等について、この特例の適用を受けていないこと

■ 老人ホーム等に入所していた場合

　この特例は原則として相続開始の直前において対象家屋が被相続人の居住の用に供されていたことを要件としますが、平成31年4月1日以後の譲渡に関しては、被相続人が①要介護認定又は要支援認定を受けて、相続開始直前まで老人ホーム等に入所していても、対象家屋を②被相続人の物品の保管その他の用に供しており、かつ、事業の用、貸付けの用又は被相続人以外の者の居住の用に供していないこと等の要件を満たす場合には、この特例が適用できます。

■ 併用して適用を受けることができないもの（適用除外）

> ① 固定資産の交換特例
> ② 特定事業用資産の買換え及び交換の特例
> ③ 収用等による買換えの特例
> ④ 既成市街地等内にある土地等の買換え及び交換の特例
> ⑤ 収用等により資産を譲渡した場合の5,000万円特別控除
> ⑥ 相続財産を譲渡した場合の相続税額の取得費加算の特例など

（3）特定の土地等の長期譲渡所得の1,000万円特別控除

　個人が平成21年に取得した国内にある土地等を平成27年以降に譲渡した場合又は平成22年に取得した土地等を平成28年以降に譲渡した場合には、その土地等に係る譲渡所得の金額から1,000万円を控除することができます。

　ただし、平成21年・22年において譲渡の特例を受けていない場合に限り、適用を受けることができます。

■ 適用を受けるための条件

　次の条件をすべて満たしていることが必要です。

> ● 以下のすべての要件に該当する土地等の譲渡が対象
> 　① 平成21年1月1日から平成22年12月31日までの間に取得した国内にある土地等であること
> 　② 所有期間が5年を超える土地等であること
> 　※土地等の譲渡には、譲渡の基因となる不動産等の貸付けを含む。
> ● 譲渡する相手が、配偶者、直系血族（祖父母、父母、子、孫など）、同居親族など特殊関係者ではないこと
> ● 土地等が、上記特殊関係者からの取得、相続等による取得及び棚卸資産に該当するものではないこと
> 　※土地等の取得後の用途は問わない。

■ 譲渡した土地等について重複適用できないもの

　固定資産の交換特例・収用等による買換え特例・居住用財産の3,000万円特別控除・空き家の3,000万円特別控除など

※同一年中に、この特例の適用対象となる土地等を2以上譲渡している場合で、いずれかの土地等について買換え特例の適用を受けるときにも、この特例の適用はありません。

（4）低未利用土地等を譲渡した場合の長期譲渡所得の100万円特別控除

　個人が、都市計画区域内に所在する低未利用土地等を令和2年7月1日から令和4年12月31日までの間に譲渡した場合には、低未利用土地等に係る長期譲渡所得の金額から100万円を控除することができます。

■ 適用を受けるための条件

　次の条件をすべて満たしていることが必要です。

> ●以下の要件に該当する土地等の譲渡が対象
> 　都市計画区域内に所在する居住の用、事業の用等に供されておらず、又はその利用の程度が周辺の地域における同一の用途等に供されている土地の利用の程度に比し著しく劣っていると認められる土地であり、低未利用土地であること及び譲渡後の土地の利用について市町村長による確認が行われたものであること。
> ●適用対象となる譲渡
> 　令和2年7月1日から令和4年12月31日までの間の譲渡で、譲渡の年の1月1日において所有期間が5年を超える低未利用土地等の譲渡であること。
> （注）土地等の譲渡には、譲渡所得の基因となる不動産等の貸付けを含む。

■ 併用して適用を受けることができないもの（適用除外）

> ① 譲渡する相手の制限
> 　「特定の土地等の長期譲渡所得の1,000万円の特別控除」と同じ
> ② 譲渡対価が500万円を超えるもの
> ③ 前年又は前々年にこの規定を受けた場合
> 　この規定の適用を受けようとする低未利用土地等と一筆の土地等から分筆された土地等について、その年の前年又は前々年にこの規定の適用を受けている場合
> ④ この特例に係る譲渡につき併用できない主な特例
> 　イ 固定資産の交換の特例
> 　ロ 収用等により資産を譲渡した場合の5,000万円特別控除の特例
> 　ハ 特定の土地等の長期譲渡所得の1,000万円特別控除の特例　など

（5）居住用財産の軽減税率

　所有期間が10年を超えるマイホームを売却し一定の条件を満たすと、税率が軽減されます。なお、この特例は『3,000万円特別控除』と併用して受けることができます。

■ 税率

　＜原則＞　譲渡した資産の所有期間により税率が異なります。

所有期間（※1）	税　　　　率
５年以下（短期）	39%（39.63%） 内訳：所得税30%（30.63%）・住民税９%
５年超（長期）	20%（20.315%） 内訳：所得税15%（15.315%）・住民税５%

（　）内の税率は、復興特別所得税加算後の税率です。

　＜居住用財産の軽減税率の適用がある場合＞　次の税率により計算します。

区　　　分	税　　　　率
課税長期譲渡所得金額（※2）が6,000万円以下の部分	14%（14.21%） 内訳：所得税10%（10.21%）・住民税４%
課税長期譲渡所得金額（※2）が6,000万円超の部分	20%（20.315%） 内訳：所得税15%（15.315%）・住民税５%

（　）内の税率は、復興特別所得税加算後の税率です。

（※1）　所有期間は、譲渡した年の１月１日時点で判定します。（判定方法は7頁参照）
　　　　　また、相続又は贈与により取得した資産の所有期間は、被相続人又は贈与者がそれぞれ取得した日から所有期間を計算します。
（※2）　課税長期譲渡所得金額＝譲渡収入金額 －（取得費＋譲渡費用）－ 特別控除

■ 適用を受けるための条件

次の条件をすべて満たしていることが必要です。

●譲渡資産は、3,000万円控除の適用を受けることができる居住用財産であること

●譲渡資産の**所有期間**が、譲渡した年の１月１日において**土地・建物ともに10年超**であること

■ 併用して適用を受けることができないもの（適用除外）

① 譲渡する相手の制限

　「居住用財産の3,000万円特別控除」と同じ

② 譲渡年の前年又は前々年に次の特例の適用を受けている場合

　居住用財産の税率軽減

③ 併用して適用できない特例

　イ 住宅ローン控除

　ロ 認定住宅の新築等をした場合の所得税額の特別控除

④ この特例に係る譲渡につき併用して適用できない主な特例

　イ 固定資産の交換特例

　ロ 特定事業用資産の買換え及び交換の特例

　ハ 収用等による買換えの特例

　ニ 既成市街地等内にある土地等の買換え及び交換の特例

　ホ 特定の居住用財産の買換え及び交換の特例など

（6）特定の居住用財産の買換え特例

　マイホームを令和4年12月31日までに売却し、新たにマイホームを取得する場合において税金の負担が重くならないように一定の条件を満たした場合に限り、売却することによる税金を将来に繰り延べることができます。

■ 買換え特例を利用した場合

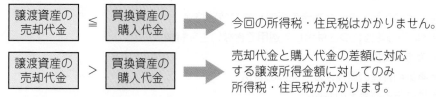

| 譲渡資産の売却代金 | ≦ | 買換資産の購入代金 | ➡ | 今回の所得税・住民税はかかりません。 |

| 譲渡資産の売却代金 | ＞ | 買換資産の購入代金 | ➡ | 売却代金と購入代金の差額に対応する譲渡所得金額に対してのみ所得税・住民税がかかります。 |

　≪注意≫ この特例は、譲渡益への課税が免除されるのではなく、将来に課税が繰り延べられる措置です。

■ 適用を受けるための条件

　次の条件をすべて満たしていることが必要です。

〈譲渡資産について〉
- ●3,000万円控除の適用を受けることができる居住用財産であること（13頁参照）
- ●**所有期間**が、譲渡した年の1月1日において**10年超**であること
- ●本人の**居住期間**が**10年以上**であること
- ●譲渡資産の譲渡に係る対価の額が**1億円以下**であること

〈買換資産について〉
- ●**譲渡した年の前年1月1日から譲渡年の翌年の年末までの間に取得**すること
- ●**譲渡した年の翌年の年末**までの間に**居住を開始**すること又は居住を開始する見込みであること
  （ただし、譲渡した年の翌年中に買換資産を取得した場合には、取得年の翌年の年末までに居住を開始すること）
- ●建物の床面積は50㎡以上であること
- ●土地の面積は500㎡以下であること
- ●中古住宅（耐火建築物）：築後25年以内〔一定の耐震基準構造適合耐火建築物（既存住宅売買瑕疵保険に加入している建築物を含む）については、築後経過年数を問わない〕
- ●中古住宅（非耐火建築物）の場合：次のいずれかに該当すること
  ① 築後25年以内
  ② 地震に対する安全性に係る規定もしくはこれに準ずる基準に適合すること

※上記要件を満たさない場合で、取得期限までに改修等を行うことにより、上記要件に適合することとなったときには、上記要件を満たす家屋を取得したものとする。

■ 併用して適用を受けることができないもの（適用除外）

① 譲渡する相手の制限

「居住用財産の3,000万円特別控除」と同じ

② 譲渡年、譲渡年の前年又は前々年に次の特例の適用を受けている場合

　イ 居住用財産の税率軽減

　ロ 居住用財産の3,000万円特別控除（相続等により取得した空き家に係る譲渡所得の特別控除の特例を除く）

　ハ 居住用財産の買換え等による譲渡損失の損益通算及び繰越控除

　ニ 特定居住用財産の譲渡損失の損益通算及び繰越控除

③ 併用して適用できない主な特例

　イ 住宅ローン控除

　ロ 認定住宅の新築等をした場合の所得税額の特別控除

④ この特例に係る譲渡につき併用して適用できない主な特例

　イ 固定資産の交換特例

　ロ 特定事業用資産の買換え及び交換の特例

　ハ 収用等による買換えの特例

　ニ 既成市街地等内にある土地等の買換え及び交換の特例

　ホ 収用等により資産を譲渡した場合の5,000万円特別控除など

申告書記入例 「特定の居住用財産の買換え特例」の適用を受ける場合の所得税の確定申告書記入例（ 事例1 ）は、86頁をご確認ください。

（7）居住用財産の譲渡損失について

　マイホームを売却して譲渡損失が生じた場合、その損失の金額と土地等及び建物等の譲渡による所得以外の所得の金額との通算及び繰越は原則としてできません。

　ただし、所有期間が5年を超えるマイホームで下記（8）、（9）に掲げる一定の要件を満たす場合には、損益通算及び繰越控除ができます。

（8）居住用財産の買換えによる譲渡損失の損益通算・繰越控除

　マイホームを令和4年12月31日までに売却し、住宅ローンにより新たにマイホームを取得する場合について、その譲渡資産の譲渡損失の金額を、一定の要件のもとにその年の他の所得と通算することができます。

　さらに、通算してもなお控除しきれない部分の金額については、一定の要件のもとに翌年以降3年間にわたり繰り越して他の所得から控除することができます。

■ 適用を受けるための条件

❶ 損益通算の適用要件

　次の条件をすべて満たしていることが必要です。

〈譲渡資産について〉
- ●3,000万円控除の適用を受けることができる居住用財産であること（13頁参照）
- ●譲渡した年の1月1日で**所有期間が5年超**であること

〈買換資産について〉
- ●**譲渡した年の前年1月1日から譲渡年の翌年の年末までの間に取得**すること
- ●**取得した年の翌年の年末**までの間に**居住を開始**すること又は居住を開始する見込みであること
- ●住宅の床面積が50㎡以上であること
- ●繰越控除の適用を受ける年の年末において**住宅借入金等（償還期間が10年以上のもの）の残高があること**

〈適用除外〉
- ●譲渡する相手の制限
  「居住用財産の3,000万円特別控除」と同じ
- ●譲渡年の前年又は前々年に次の特例の適用を受けている場合
  ・居住用財産の税率軽減
  ・居住用財産の3,000万円特別控除（相続等により取得した空き家に係る譲渡所得の特別控除の特例を除く）
  ・特定の居住用財産の買換え及び交換の特例
- ●譲渡年又はその年の前年以前3年以内における資産の譲渡につき特定居住用財産の譲渡損失の損益通算の特例の適用を受けている場合

---

❷ 繰越控除の適用要件

　　損益通算の適用要件に加え、次の条件を満たしていることが必要です。

> ●その年の合計所得金額が3,000万円を超えないこと（超えた年だけ適用が受けられません。なお、損益通算については、3,000万円超の年であっても適用を受けられます。）

❶ 500㎡を超える土地を譲渡した場合の取扱い

　　譲渡した資産に500㎡を超える土地が含まれている場合には、その譲渡損失のうち、500㎡を超える部分の譲渡損失については、繰越控除の適用を受けることができません。

❷ 居住用財産に係る課税特例の連年適用の可否

　　居住用財産の特例は、前年・前々年に特例の適用を受けていると、本年において適用できない規定があるため、注意が必要です。

！ 申告書記入例 「居住用財産の買換えによる譲渡所得の損益通算及び繰越控除」の適用を受ける場合の所得税の確定申告書記入例（**事例２**）は、95頁をご確認ください。

（9）特定居住用財産の譲渡損失の損益通算・繰越控除

　マイホームを令和4年12月31日までに売却した場合において、譲渡契約締結日の前日において住宅借入金等の残高がある等一定の要件を満たす場合は、その譲渡資産の譲渡損失の金額を、その年の他の所得と通算することができます。

　さらに、通算してもなお控除しきれない部分の金額については、一定の要件のもとに翌年以降3年間にわたり繰り越して他の所得から控除することができます。

　この制度における譲渡損失の金額とは、（イ）譲渡したマイホームの住宅借入金等の金額から譲渡対価を控除した残額（売却後の残債）、（ロ）マイホームの譲渡損失の金額のいずれか少ない金額をいいます。

■ 適用を受けるための条件

❶ 損益通算の適用要件

　次の条件をすべて満たしていることが必要です。

〈譲渡資産について〉

● 3,000万円控除の適用を受けることができる居住用財産であること（13頁参照）

● 譲渡した年の1月1日で**所有期間が5年超**であること

● 譲渡契約日の前日（つなぎ融資等により買換資産を先行取得した場合には、譲渡契約締結月の6月前の月の最初の日）において**住宅借入金等（償還期間が10年以上のもの）の残高があること**

〈買換資産について〉

● **要件なし（買換資産の取得をしていなくても適用可）**

〈適用除外〉

● 譲渡する相手の制限

「居住用財産の3,000万円特別控除」と同じ

● 譲渡年の前年又は前々年に次の特例の適用を受けている場合

・居住用財産の税率軽減

・居住用財産の3,000万円特別控除（相続等により取得した空き家に係る譲渡所得の特別控除の特例を除く）

・特定の居住用財産の買換え及び交換の特例

● 譲渡年又はその年の前年以前3年以内における資産の譲渡につき居住用財産の買換え等の場合の譲渡損失の損益通算の特例の適用を受けている場合

---

❷ 繰越控除の適用要件

　損益通算の適用要件に加え、次の条件を満たしていることが必要です。

● その年の合計所得金額が3,000万円を超えないこと（超えた年だけ適用が受けられません。なお、損益通算については、3,000万円超の年であっても適用を受けられます。）

---

❸ 損益通算及び繰越控除の対象となる譲渡損失の金額

下記の図の**（イ）**の金額と、**（ロ）**の金額の**いずれか少ない方**が、損益通算及び繰越控除の対象となります。

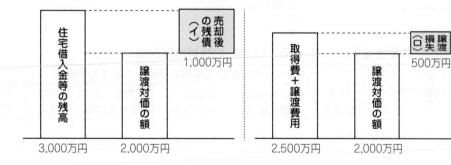

例えば・・・　取得費2,500万円のマイホームを2,000万円で売却した場合

（ケース１）売却直前の借入金残高が3,000万円のとき
（イ）3,000万円－2,000万円＝1,000万円（売却後の残債）
（ロ）2,000万円－2,500万円＝△500万円（譲渡損失）
（ハ）1,000万円＞500万円　∴**500万円について適用あり**

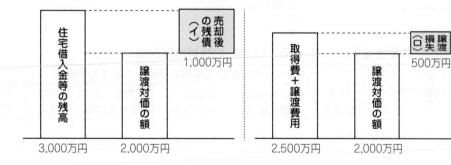

（ケース２）売却直前の借入金残高が2,100万円のとき
（イ）2,100万円－2,000万円＝100万円（売却後の残債）
（ロ）2,000万円－2,500万円＝△500万円（譲渡損失）
（ハ）100万円＜500万円　∴**100万円について適用あり**

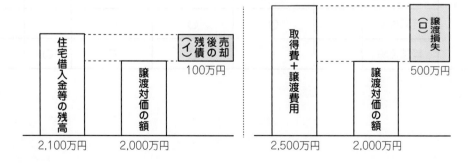

① 譲渡損失の損益通算と繰越控除制度のしくみ《(8)・(9) の繰越控除制度共通》

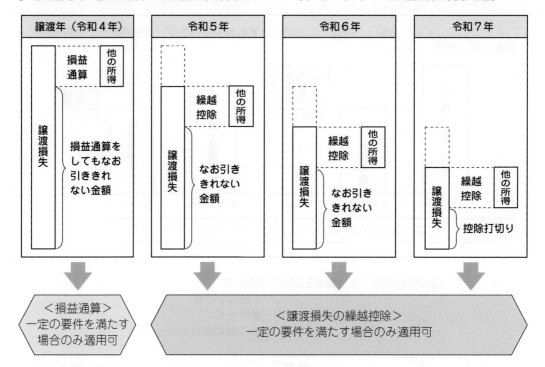

② 他の特例との重複適用の可否《(8)・(9) の繰越控除制度共通》

適用可否の関係		本年において適用を受けようとする特例					
		特定買換え	居住用財産の特別控除	空き家の特別控除	特定の土地等の特別控除	軽減税率	繰越控除
前年前々年に適用を受けた特例	特定買換え	－	×	○	○	○	×
	居住用財産の特別控除	×	×	○	○	○	×
	空き家の特別控除	○	○	－	○	○	○
	特定の土地等の特別控除	○	○	○	○	○	○
	軽減税率	×	○	○	○	×	×
	繰越控除	×	×	○	○	○	×

③ ２つの繰越控除制度《（8）・（9）の主な相違点》

項　　　目	22頁記載（8）の繰越控除	24頁記載（9）の繰越控除
譲渡資産のローン要件	要件なし	償還期間が10年以上の住宅借入金等の残高があること
買換資産の取得要件	買換資産の取得が必要	要件なし
買換資産のローン要件	償還期間が10年以上の住宅借入金等でマイホームを取得していることが必要	要件なし

① 「居住用財産の買換えによる譲渡損失の損益通算・繰越控除」の要件と、「特定居住用財産の譲渡損失の損益通算・繰越控除」の規定の要件のどちらも満たす場合には、どちらの特例規定を使うかは、個人の有利選択になります。

② この繰越控除は住民税にも適用されます。また『住宅ローン控除』と併用することもできます。（ただし、所得税が発生しない年については税金の還付はありません。）

！ 申告書記入例 「特定居住用財産の譲渡損失の損益通算及び繰越控除」の適用を受ける場合の所得税の確定申告書記入例（**事例3**）は、106頁をご確認ください。

Ⅱ マイホームを取得・購入・増改築された方

マイホームを取得・購入又は増改築する際には、多額の資金が必要となります。
そのため、自己資金のほか、贈与により取得した資金、銀行・親族からの借入金等様々な種類の資金が投入されます。
購入資金のことばかりにとらわれて、税金面の配慮を怠ってしまうと、
税制面の優遇規定を受けることができない場合や、税負担が発生する場合があります。

■マイホームを取得等した場合に適用できる各種特例規定

マイホームを取得・購入又は増改築された方で、一定の要件を満たす場合には以下のような特例規定の適用を受けることができます。

◆適用できる特例一覧

1. 住宅ローン控除（28頁）
2. 所得税額の特別控除（41頁）
3. 相続時精算課税
   （1）通常の相続時精算課税（45頁）
   　（※）本書におきましては、下記（2）の住宅取得等資金の相続時精算課税の特例に該当しない相続時精算課税のことを、「通常の相続時精算課税」といいます。
   （2）住宅取得等資金の相続時精算課税の特例（47頁）
4. 直系尊属から住宅取得等資金の贈与を受けた場合の非課税の特例（49頁）
5. 贈与税の配偶者控除（58頁）

◆各種特例規定の判定には注意が必要です

一定の要件を満たすマイホームの新築や改築等をした場合には、所得税では住宅ローン控除(30頁)又は住宅ローンがなくても所得税額の特別控除(41頁)を受けることができます。

ただし、ほとんどの特別控除の規定は、住宅ローン控除との選択制になっているため、両方の要件を満たす場合には、どちらを適用するかについての注意が必要です。（適用要件については、85頁参照）

また、住宅取得等資金の贈与を受けた場合には、贈与税が課税されますが、贈与税には、「暦年課税」と「相続時精算課税」という二つ課税方式があり、住宅取得資金の贈与を受けた方が、どちらの課税方式を採用するかで、税額の求め方が変わってきます。注意が必要です。

◆各種特例規定の判定チャート

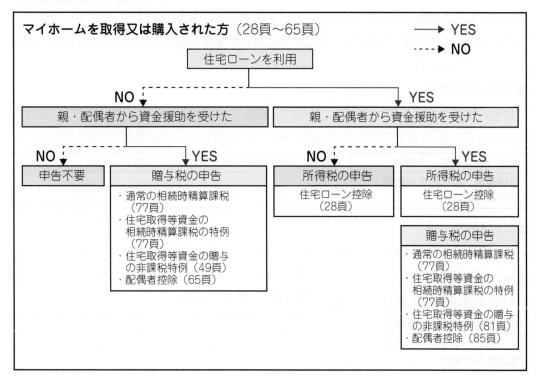

1. 住宅ローン控除

　住宅ローンによりマイホームを購入・新築・増改築等をした場合、一定の条件を満たせば、住宅ローンの年末残高に応じて所得税が減税されます。

（1）通常の住宅ローン控除

■ 控除額の計算方法

　控除率・控除限度額は居住した年月により異なり、令和4年1月1日から令和4年12月31日の間に居住を開始した場合の控除額及び控除期間は、次の❶～❹の区分に応じ、それぞれに掲げる金額及び控除期間となります。

❶ 特別特例取得又は特例特別特例取得に該当する場合

　住宅の取得等の対価の額又は費用の額に含まれる消費税の税率が10％であり、かつ、当該住宅の取得等に係る契約が一定の期間内に締結されている場合(この場合に取得等した住宅を「特別特定取得」といいます)で、その取得等した住宅が特別特例取得又は特例特別特例

取得に該当する新築等の住宅であり、その住宅等に令和3年1月1日から令和4年12月31日までの間に自己の居住の用に供した場合には、その取得等に係る住宅ローン等の年末残高の合計額等を基にして計算した金額を、居住の用に供した年分以後の各年分の所得税額から控除することができます。

●特別特例取得等

　住宅の取得等に係る契約が次表の期間内に締結されているもので、令和3年1月1日から令和4年12月31日までの間に居住の用に供している場合に、この特例の対象になります。

新築（注文住宅）の場合	令和2年10月1日から令和3年9月30日までの期間
分譲住宅、中古住宅の取得、増改築等の場合	令和2年12月1日から令和3年11月30日までの期間

●コロナ特例

　住宅の取得等に係る契約が次表の期間内に締結されているもので、かつ、新型コロナウイルス感染症等の影響により、入居が期限(令和2年12月31日)に遅れた場合でも、令和3年12月31日までに入居していれば、この特例が適用できます。

新築住宅(注文住宅)の場合	平成31年4月1日から令和2年9月30日までの間
分譲住宅・中古住宅の取得、増改築等の場合	平成31年4月1日から令和2年11月30日までの間

⇒**控除期間は13年間**となり、**控除限度額は次のとおり**です。

（ⅰ）1年目〜10年目	① 住宅ローン残高 【4,000万円（認定住宅等の場合は5,000万円）が上限】 ×1.0% ② 住宅ローン控除適用前の所得税額 ※①＞②となる場合は住民税から控除可能（32頁）	次のいずれか少ない金額（最大50万円）
（ⅱ）11年目〜13年目	（イ）住宅の税抜購入価額×2％÷3 （ロ）上記①の金額	のいずれか少ない金額

> **用語の説明**
>
> 　「**特別特例取得**」とは、その住宅の取得等が特別特定取得に該当する場合で、その住宅の取得等に係る契約が次の「**特別特例取得等**」の表に掲げる契約期間内に締結されているものをいいます。
>
> 　また、「**特例特別特例取得**」とは、上記「**特別特例取得**」に該当する場合で、床面積が40㎡以上50㎡未満の住宅の取得等をいいます。

❷ 新築・買取再販認定住宅等に該当する家屋等

　新築等の認定住宅等に該当する家屋等に入居した場合の控除期間は13年となり、住宅ローン残高の限度額は、次表のとおりです。

　なお、中古住宅で認定住宅等に該当する家屋の控除期間は10年となり、住宅ローン残高の上限は3,000万円となります。

◆新築等の認定住宅等の住宅ローン残高の上限額

認定住宅等の種類	令和4・5年入居
認定長期優良住宅	5,000万円【13年間】
認定低炭素住宅	
ZEH水準省エネ住宅	4,500万円【13年間】
省エネ基準適合住宅	4,000万円【13年間】
中古住宅	3,000万円【10年間】

⇒**控除限度額**は、次のとおりです。

◆控除限度額

次のいずれか少ない金額
① 住宅ローン残高※×0.7％
② 住宅ローン控除適用前の所得税額
　※新築等の認定住宅の場合は、上記「新築等の認定住宅等の住宅ローン残高の上限」の金額が上限となり、中古住宅の場合は3,000万円が上限
　※①＞②となる場合は住民税から控除可能（34頁）

❸ 一般の住宅(上記以外の住宅)の場合

　上記❶及び❷以外の一般の住宅（省エネルギー基準を満たさない住宅）に係る控除期間及び住宅ローン残高の上限は、次表のとおりです。

◆控除期間及び住宅ローン残高の上限額

種類	控除期間	上限額
新築等	13年	3,000万円（※）
中古住宅	10年	2,000万円

（※）買取再販認定住宅等を除きます。

　なお、控除限度額は、❷の場合と同じです。

◆令和4年度改正後の住宅ローン控除の概要

区分		居住年			
		2022(令和4年)	2023(令和5年)	2024(令和6年)	2025(令和7年)
新築住宅・買取再販住宅	認定長期優良住宅（長期優良住宅）	5,000万円【13年間】		4,500万円【13年間】	
	低炭素建築物（認定低炭素住宅）				
	低炭素建築物とみなされる特定建築物（認定低炭素住宅）				
	特定エネルギー消費性能向上住宅（ZEH水準省エネ住宅）	4,500万円【13年間】		3,500万円【13年間】	
	エネルギー消費性能向上住宅（省エネ基準適合住宅）	4,000万円【13年間】		3,000万円【13年間】	
	一般の新築住宅（その他の住宅）	3,000万円【13年間】		0万円（2,000万円）【10年間】（注）	
中古住宅	認定住宅（認定長期優良住宅・認定低炭素住宅・ZEH水準省エネ住宅・省エネ基準適合住宅）	3,000万円【10年間】			
	一般の中古住宅（その他の住宅）	2,000万円【10年間】			
控除率		全期間 一律0.7%			
所得要件		合計所得金額 2,000万円以下（特例居住用家屋・特例認定住宅等 ⇒ 1,000万円以下）			
床面積要件		50㎡以上（特例居住用家屋・特例認定住宅等 ⇒ 40㎡以上50㎡未満）			

（注）一般の新築住宅のうち、令和5年12月31日までの建築確認を受けたもの又は令和6年6月30日までに建築されたものは、借入限度額を2,000万円として10年間の控除が受けられます。ただし、特例居住用家屋に該当する場合は、令和5年12月31日までに建築確認を受けたものが対象となります。

用語の説明　上記（注）の「**特例居住用家屋**」とは、小規模な住宅用家屋として次の①及び②に掲げる家屋（その家屋の床面積の１／２以上に相当する部分が専ら居住の用に供されるものに限られます。）で、令和５年12月31日以前に建築確認を受けているものをいいます。

①	一棟の家屋で床面積が40㎡以上50㎡未満であるもの
②	一棟の家屋で、その構造上区分された数個の部分を独立して住居その他の用途に供することができるもので、その者が区分所有する部分の床面積が40㎡以上50㎡未満であるもの

❹特定増改築等を行った場合の住宅ローン控除
　〜令和3年12月31日までの入居で終了〜
　自己が所有し、居住の用に供する次に掲げる住宅について、住宅ローンを利用して一定の増改築等を行い、平成19年4月1日から令和3年12月31日までの間に自己の居住の用に供している場合には、その年以後5年間の各年分(合計所得金額が3,000万円以下である年分に限ります)の所得税の額から、その年の住宅ローン年末残高のうち1,000万円以下の部分の一定割合を控除することができましたが、この制度は、適用期限(令和3年12月31日)までの入居で終了することになりました。

① 高齢者等居住改修工事等(バリアフリー改修工事等)
② 断熱改修工事等(省エネ改修工事等)
③ 特定多世帯同居改修工事等
④ 特定耐久性向上改修工事等

■ 適用を受けるための条件
　〜新築等したマイホームに入居した年又は増改築等部分を居住の用に供した年〜
　次の条件をすべて満たしていることが必要です。

〈住宅について〉
●住宅の購入・新築・増改築等の日から6か月以内に入居し、控除を受ける年の12月31日まで引き続き居住すること
●住宅の床面積が50㎡以上であること（増改築等の場合は工事後の床面積）
●中古住宅を購入した場合、築後20年（耐火構造は25年）以内であること
　(※1) 一定の耐震基準構造適合耐火建築物又は既存住宅売買瑕疵保険に加入している既存住宅については、築後経過年数を問わない
　(※2) 30頁の❷❸に該当する中古住宅を、令和4年1月1日以後に居住の用に供する場合には、築後経過年数要件が廃止されたことに伴い、昭和57年1月1日以後に建築された耐震基準適合住宅だけが適用対象となりました。
　(※3) 築年数要件及び耐震基準を満たさない中古住宅で、一定の申請手続きを経て耐震改修工事が行われたものについても適用対象
●店舗併用住宅の場合、床面積の2分の1以上が自己の居住用であること
●一定の親族等からの取得ではないこと
●認定住宅について、適用を受ける場合は、認定住宅であると証明されたものであること等
〈増改築等について〉
●工事の費用が100万円（補助金等の額を控除した金額）を超えること
〈住宅ローンについて〉
●返済期間が10年以上であること
〈その他〉
●その年の合計所得金額が2,000万円を超えないこと（超えた年だけ適用が受けられません）
●居住年及び居住年の前後各２年間のいずれかにおいて「3,000万円特別控除」などの特例を受けていないこと

> ●認定住宅等の新築等をした場合の特別控除、バリアフリー改修工事や省エネ改修工事、多世帯同居改修工事を含む増改築等をした場合で、住宅特定改修特別税額控除(41 ～ 44頁の(1)～(4)参照)の適用を受けないこと

■ 控除期間が13年間となる住宅借入金等を有する場合

　控除期間が13年間となる住宅借入金等を有する場合には、上記要件のほか、住宅の床面積が40㎡以上50㎡未満であり、かつ、その年の合計所得金額が1,000万円を超えないとき（超えた年だけ適用が受けられません）においても適用を受けることができます。

■ 住宅ローン控除の再適用

　住宅ローン控除の適用を受けていた者が、給与等の支払い者から転任の命令その他これに準ずるやむを得ない事由により、その住宅に居住できなくなった後、再びその住宅に居住できるようになった場合には、再居住年（その住宅を賃貸の用に供していた場合には、再居住年の翌年）以後の各適用年（再び居住の用に供した日以後その年の12月31日まで引き続き居住の用に供している場合に限る）について、住宅ローン控除の再適用が認められます。この再適用を受けるためには、マイホームに居住しないこととなる日までに「転任の命令等により居住しないこととなる旨の届出書」に一定の書類を添付して税務署に提出する必要がありますのでご注意ください。

　また、居住開始後、居住開始年中に上記の事由により居住ができなくなった場合についても、上記のケースと同様に再居住年以後住宅ローン控除の適用が認められています。（この場合、転居の際の手続は不要です。）

（2）住民税における住宅ローン控除

　平成21年から令和3年12月31日までの間に居住し、所得税の住宅ローン控除の適用を受けている方のうち、所得税からその年分の住宅ローン控除額を差し引いた場合に残額（控除不足額）が生じるときは、一定の金額を翌年度分の個人住民税（所得割）から減額することができます。

❶ 住宅の対価の額又は費用の額に含まれる消費税が8％又は10％の場合

翌年度分の個人住民税で減額される金額	次の①又は②のうち、いずれか少ない金額
	① その年分の住宅ローン控除可能額－住宅ローン控除適用前の所得税額 ② 所得税の課税総所得金額等×7％（最大136,500円）

　ただし、その住宅の取得等が特定取得又は特別特定取得である場合には、上記の計算式

で算出された控除額が、「前年分の所得税の課税総所得金額等の7％（136,500円）を超えた場合」には、136,500円が控除限度額とされます。

❷ 上記❶以外の場合

翌年度分の個人住民税で減額される金額	次の①又は②のうち、いずれか少ない金額 ① その年分の住宅ローン控除可能額−住宅ローン控除適用前の所得税額 ② 所得税の課税総所得金額等×5％（最大97,500円）

なお、令和4年中に入居した場合は、上記❷が適用され、最大97,000円の減額となります。

■ 個人住民税の減額手続は不要です!!（原則）

　この控除の適用を受けるには、市区町村への申告が必要とされていましたが、平成22年度分の個人住民税からは、原則、申告は不要とされています。

　ただし、退職所得や山林所得を有する方や、所得税で平均課税の適用を受けている方（平成11年から平成18年までの入居者）については、申告が必要とされています。

■ よくある質問・・・

❶ サラリーマンが還付を受ける場合

Q　年末のローン残高が3,000万円あるにもかかわらず、ローン残高の0.7％（21万円）の全額が還付されないのはなぜ？

A. サラリーマンの場合は、ローン控除適用初年分は確定申告をする必要がありますが、2年目以降は、給与所得の年末調整によって還付を受けることができます。ただし、サラリーマンは年末調整により所得税を納めていますが、住宅ローン減税は、納付した所得税の額を限度として、控除されますので、納付した所得税が少額の場合には、ローン残高の1％全額が還付されるとは限りません。

!　**源泉徴収票記入例**　給与所得者が住宅ローン控除により所得税の還付を受ける場合に、住宅ローン控除の最高限度額（住宅ローン年末残高×0.7％）の還付が受けられないことが多い事由を、「給与所得の源泉徴収票」の記入例（116頁の **事例４**）によって解説しています。

❷ 住宅の敷地はローンで取得し、住宅は自己資金で建築した場合

Q　私は、将来住宅を建築するためにローンでその敷地を取得していたのですが、今年、自己資金で住宅を建築することとしました。このような場合には、住宅ローン控除の対象とはならないのでしょうか。

A. 土地等の取得に係る借入金等の金額については、住宅の新築・取得に係るローン等の金額を有さない場合には、住宅ローン控除の適用がないこととされています。

したがって、ご質問のように、自己資金で住宅の建築をした場合には、その敷地の取得に係るローンのみで住宅ローン控除の適用を受けることはできません。

❸ 住宅取得等資金の贈与と住宅ローンで取得した場合

Q 　住宅取得等資金の贈与を受けた、残額を住宅ローンで取得した場合、併用は可能でしょうか。

A. 住宅取得等資金の贈与税の非課税の適用を受けている場合であっても、住宅ローン控除の適用を受けることは可能です。

　ただし、住宅ローン控除の規定の適用を受ける金額の計算の基礎となる「住宅借入金等の金額の合計額」については、次の金額のうちいずれか低い金額となります。

① 住宅ローンの年末残高

② 住宅の取得価額等から住宅取得等資金の贈与税の非課税の適用を受けた受贈額を控除した額に相当する金額

申告書記入例 「住宅ローン控除」と「住宅取得等資金贈与の特例」との重複適用を受ける場合の贈与税申告書の記入例（**事例5**）は、118頁をご確認ください。

❹ 住宅ローンを繰り上げ返済した場合

Q 　繰り上げ返済をした場合の注意点について教えてください。

A. **注意点1　実際の年末の借入金残高を適用対象額にしていますか？**

住宅ローン控除の対象となる借入金の年末残高は、返済予定表の残高ではなく、あくまで実際の年末残高です。今年中に返済すべき借入金を返済できなかった、あるいは来年以降に返済する予定のものを繰り上げて返済したとかいろいろあっても、要はその年の年末時点での実際残高で控除額を計算します。

注意点2　繰り上げ返済後、償還期間10年以上の要件を満たしますか？

当初の初回返済月から繰上げ返済後の最終返済予定月まで、なお10年以上あるかどうかです。繰り上げ返済したことでそれが10年未満に縮まると、その年から先は特例が受けられなくなります。（下記参照）

区　分	ケース①	ケース②	ケース③	ケース④
当初契約の償還期間	10年	15年	15年	20年
既返済期間	3年	3年	3年	3年
繰上返済後の返済期間	6年	8年	6年	9年
繰上返済後の通算償還期間	9年	11年	9年	12年
適用の可否	×	○	×	○

❺ 住宅ローンの借換えをした場合

Q　借換えをした場合の注意点について教えてください。

A. 次の二つの要件のすべてに当てはまる場合には、住宅ローン控除の対象となる住宅ローン等として取り扱われます。

① 新しい住宅ローン等が当初の住宅ローン等の返済のためのものであることが明らかであること。

② 新しい住宅ローン等が10年以上の償還期間であることなど住宅借入金等特別控除の対象となる要件に当てはまること。

※住宅ローン控除を受けることができる年数は、居住の用に供した年から10年間であり、住宅ローン等の借り換えによって延長されることはありません。

❻ 災害により居住の用に供することができなくなった場合

Q 　私は、8年ほど前にマイホームを購入し、住宅ローン控除の適用を受けていましたが、災害により甚大な被害を受け、そのマイホームに住むことができなくなりました。災害による被害を受け、住むことができなくなった年以降について住宅ローン控除の適用を引き続き受けることは可能でしょうか。

A. 住宅ローン控除は、原則としてその年12月31日まで引き続き居住の用に供している場合に適用が可能ですが、災害があった場合は、災害があった日において居住の用に供していれば、災害があった年は住宅ローン控除の適用を受けることができます。

　また、災害があった年の翌年以降の住宅ローン控除の残りの期間につきましては、東日本大震災の被災者等に係る国税関係法律の臨時特例に関する法律の規定により、マイホームに居住できなくなった場合においても引き続き住宅ローン控除の適用を受けることができます。

　さらに、平成29年度税制改正により、災害に関する税制上の特例措置が別途設けられました。住宅の再取得等に係る住宅ローン減税の特例として、既に住宅ローン控除の適用を受けていたマイホームについて、災害により居住することができなくなった場合には、次の特例の適用を受けることができます。

①	災害により居住することができなくなった年に限らず、それ以降も住宅ローン控除の継続適用を受けることができます。ただし、その敷地を譲渡し、居住用財産の譲渡損失の特例を受ける場合など一定の場合については、住宅ローン控除の継続適用を受けることができません。
②	被災者生活再建支援法が適用された市町村の区域内に所在する従前家屋をその災害により居住することができなくなった方が、住宅の再取得等をした場合には、従前家屋に係る住宅ローン控除と再取得等をした住宅に係る住宅ローン控除を重複して適用を受けることができます。

　なお、個別の災害についてどのような特例を受けることができるかは国税庁HPの災害関連情報に記載されています。

（3）住宅ローン控除の適用要件の弾力化
〜〜新型コロナウイルス感染症緊急経済対策による税制上の措置〜〜

❶ 住宅ローン減税の特例措置（控除期間13年間）の適用

　新型コロナウイルス感染症の影響による住宅建設の遅延等の対応策として、住宅ローンを借りて新築した住宅、取得した建売住宅又は中古住宅、増改築等を行った住宅に、令和2年12月末までに入居できなかった場合でも、次に掲げる要件を満たす場合には、控除期間が13年に延長された住宅ローン控除を適用できることとする措置が講じられています。

> ① 新型コロナウイルス感染症の影響によって新築住宅、建売住宅、中古住宅又は増改築等を行った住宅への入居が遅れたこと
> ② 一定の期日までに新築、建売住宅、中古住宅の取得、増改築等に係る契約を行っていること
> 　新築の場合……………………………………………令和2年9月末まで
> 　建売住宅、中古住宅の取得、増改築等の場合……令和2年11月末まで
> ③ 令和3年12月末までの間に②の住宅に入居していること

❷ 中古住宅取得から6か月以内の入居要件

　住宅ローンを借りて取得した中古住宅について、その取得の日から入居までに6か月超の期間が経過していた場合でも、次に掲げる要件を満たす場合には、当該住宅ローンに住宅ローン控除を適用できることとする措置が講じられています。

> ① 取得後に増改築等を行った中古住宅への入居が、新型コロナウイルス感染症の影響によって遅れたこと
> ② ①の増改築等の契約が、中古住宅取得の日から5か月後まで又は特例法施行の日の2か月後までに行われていること
> ③ ①の増改築等の終了後6か月以内に、当該住宅に入居していること

❸ 個人住民税における措置

　所得税において新型コロナウイルス感染症の影響を踏まえた住宅ローン控除の適用要件を弾力化する措置が講じられる場合には、当該措置の対象者についても、住宅ローン控除可能額のうち所得税から控除しきれなかった額を控除限度額の範囲内で個人住民税から控除することとなります。

❹ 申告手続

　上記❶及び❷の適用要件の弾力化がなされた住宅ローン控除を受ける場合には、所得税の確定申告書に「入居時期に関する申告書兼証明書」を添付して提出することが必要となります。

2. 所得税額の特別控除

　自己資金で以下の（1）〜（4）に掲げる既存住宅の特定改修工事をした場合や認定住宅等の新築等を行った場合には、住宅ローンを組まなくても、所得税額の特別控除を受けることができます。

（1）住宅耐震改修特別控除

　一定の計画区域内においてマイホームを現行の耐震基準に適合させる耐震改修を行った場合には、その年において所得税額の特別控除の適用を受けることができます。

●**計算方法**：次のイ及びロの合計額

イ．必須工事

| 住宅耐震改修に係る耐震工事の標準的な費用の額として一定の金額（補助金等の額を除く）限度額250万円 | × 10% = | 控除額（最高25万円） |

ロ．必須工事の対象工事限度額超過分及びその他のリフォーム

| 必須工事に係る標準的な費用相当額と同額まで（＊1） | × 5% = | 控除額（最高37万5千円） |

（＊1）最大対象工事限度額は必須工事と併せて合計1,000万円が限度
（＊2）イ及びロのそれぞれに対して算出された控除額のうち100円未満の端数金額は切り捨てます。

●**適用期間**　平成26年4月1日から令和5年12月31日までの間に住宅耐震改修をした場合

●**控除期間**　耐震改修を行った年分のみ

●**適用を受けるための条件**

〈住宅について〉
●昭和56年5月31日以前の耐震基準により建築された家屋で、現行の耐震基準に適合していないものであること
●自己の居住の用に供する家屋であること
●自己の居住の用に供する家屋を二以上有する場合には、これらの家屋の内、その人が主としてその居住の用に供すると認められる一の家屋であること

〈その他〉
●その年の合計所得金額が3,000万円を超えても適用可能です。
●住宅ローン控除とも併用可能です。

（2）バリアフリー改修工事等特別控除

　一定の高齢者がマイホームのバリアフリー改修工事等を行い、改修工事等の日から6か月以内にそのマイホームを居住の用に供した場合には、その居住年において所得税額の特別控除の適用を受けることができます。

●**計算方法**：次のイ及びロの合計額

イ．必須工事

バリアフリー改修工事等の 標準的な費用の額 （補助金等の額を除く） 限度額200万円（＊1）	× 10% ＝	控除額（最高20万円）

ロ．必須工事の対象工事限度額超過分及びその他のリフォーム

必須工事に係る標準的な費用 相当額と同額まで（＊2）	× 5% ＝	控除額（最高40万円）

（＊1）改修工事等の標準的な費用の額が50万円を超えるものに限られます。
（＊2）最大対象工事限度額は必須工事と併せて合計1,000万円が限度
（＊3）イ及びロのそれぞれに対して算出された控除額のうち100円未満の端数金額は切り捨てます。

●**適用期間**　平成26年4月1日から令和5年12月31日までの居住開始

●**控除期間**　居住年のみ

●**適用を受けるための条件**

〈適用対象者〉次のいずれかに該当する方
　① 年齢50歳以上の方
　② 介護保険法の要介護又は要支援認定を受けている方
　③ 所得税法に規定する障害者である方
　④ ②又は③に該当する方と同居している方
　⑤ 65歳以上の親族と同居している方
　　（注）50歳、65歳、同居の判定は居住年の12月31日の現況によります。
〈住宅について〉
　通常の住宅ローン控除と同じ
〈その他〉
　●その年の合計所得金額が3,000万円を超えないこと（超えた年だけ適用が受けられません）
　●居住年及び居住年の前後各2年間のいずれかにおいて「3,000万円特別控除」などの特例を受けていないこと
　●通常の住宅ローン控除の適用を受けないこと
　●バリアフリー改修工事等の金額（補助金等により補てんされる部分の金額を除きます）が50万円を超えること
　　〈バリアフリー改修工事等〉
　　　① 廊下幅の拡幅　　② 手すりの設置　　③ 階段の勾配の緩和　　④ 床表面の滑り止め化
　　　⑤ 浴室改良　　⑥ 引き戸への取替工事　　⑦ 便所改良　　⑧ 屋内段差解消等

（3）省エネ改修工事等特別控除

　マイホームの省エネ改修工事等を行い、改修工事等の日から6か月以内にそのマイホームを居住の用に供した場合には、その居住年において所得税額の特別控除の適用を受けることができます。

●**計算方法**：次のイ及びロの合計額

イ．必須工事

省エネ改修工事等の標準的な費用の額（補助金等の額を除く）限度額250万円（太陽光発電設備の設置費用を含む場合は350万円）（＊1）	× 10% =	控除額（最高25万円）（一定の場合には最高35万円）

ロ．必須工事の対象工事限度額超過分及びその他のリフォーム

必須工事に係る標準的な費用相当額と同額まで（＊2）	× 5% =	控除額（最高控除額は37万5千円）（太陽光発電設備の設置費用を含む場合は32万5千円）

（＊1）改修工事等の標準的な費用の額が50万円を超えるものに限られます。
（＊2）最大対象工事限度額は必須工事と併せて合計1,000万円が限度
（＊3）イ及びロのそれぞれに対して算出された控除額のうち100円未満の端数金額は切り捨てます。

●**適用期間**　平成26年4月1日から令和5年12月31日までの居住開始

●**控除期間**　居住年のみ

●**適用を受けるための条件**

〈住宅について〉
　通常の住宅ローン控除と同じ
〈その他〉
　●その年の合計所得金額が3,000万円を超えないこと（超えた年だけ適用が受けられません）
　●居住年及び居住年の前後各2年間のいずれかにおいて「3,000万円特別控除」などの特例を受けていないこと
　●住宅ローン控除の適用を受けないこと
　●省エネ改修工事等の金額（補助金等の額を控除した金額）が50万円を超えること
〈省エネ改修工事〉
　① 居室の全ての窓の改修工事
　　又は
　② 居室の全ての窓の改修工事
　　＋{ 床の断熱工事 / 天井の断熱工事 / 壁の断熱工事 }
　●改修部分の省エネ性能が平成28年基準以上になるもの等
〈特定断熱改修工事〉
　上記、省エネ改修工事のうち、改修後の住宅全体の省エネ性能が平成28年基準相当になるもの等。

（4）多世帯同居改修工事等特別控除

　マイホームの多世帯同居改修工事等を行い、改修工事等の日から6か月以内にそのマイホームを居住の用に供した場合には、その居住年において所得税額の特別控除の適用を受けることができます。

●**計算方法：**次のイ及びロの合計額

イ．必須工事

| 多世帯同居改修工事等の標準的な費用の額（補助金等の額を除く）限度額250万円（＊1） | × 10% = | 控除額（最高25万円） |

ロ．必須工事の対象工事限度額超過分及びその他のリフォーム

| 必須工事に係る標準的な費用相当額と同額まで（＊2） | × 5% = | 控除額（最高37万5千円） |

（＊1）改修工事等の標準的な費用の額が50万円を超えるものに限られます。
（＊2）最大対象工事限度額は必須工事と併せて合計1,000万円が限度
（＊3）イ及びロのそれぞれに対して算出された控除額のうち100円未満の端数金額は切り捨てます。

●**適用期間**　平成28年4月1日から令和5年12月31日までの居住開始

●**控除期間**　居住年のみ

●**適用を受けるための条件**

〈住宅について〉
　通常の住宅ローン控除と同じ
〈その他〉
　●その年の合計所得金額が3,000万円を超えないこと（超えた年だけ適用が受けられません）
　●居住年及び居住年の前後各2年間のいずれかにおいて「3,000万円特別控除」などの特例を受けていないこと
　●住宅ローン控除の適用を受けないこと
　●多世帯同居改修工事等の金額（補助金等の額を控除した金額）が50万円を超えること
〈多世帯同居改修工事〉

> ① 調理室を増設する工事
> ② 浴室を増設する工事
> ③ 便所を増設する工事
> ④ 玄関を増設する工事

（5）認定住宅等の新築等をした場合の特別控除

　認定住宅等（認定長期優良住宅又は認定低炭素住宅）の新築等を行い、その新築等の日から6か月以内に居住の用に供した場合には、その居住年において所得税額の特別控除の適用を受けることができます。

　なお、認定住宅等とは、認定長期優良住宅、認定低炭素住宅、ZEH水準省エネ住宅及び省エネ基準適合住宅の総称をいいます。

●**計算方法：**居住の用に供した年が令和4年1月1日から令和5年12月31日までの場合の控除額です。

認定住宅について講じられた構造及び設備に係る標準的な費用の額（＊）（最高650万円）	× 10% =	認定住宅新築等特別税額控除額（100円未満切捨）（最高65万円）

（＊）標準的な費用の額とは、構造の区分に関係なく1㎡当たり 45,300円に床面積を乗じて計算します。

●**適用期間**　平成21年6月4日から令和5年12月31日

●**控除期間**　居住年のみ（ただし、居住年の所得税の額から控除しても控除しきれない金額があるときは翌年の所得税の額から控除することが可能）

●**適用を受けるための条件**

〈住宅について〉
●認定住宅であると証明されたものであること
●新築の住宅ローン控除と同じ（ローンの要件は不要）（28頁参照）
〈その他〉
●その年の合計所得金額が3,000万円を超えないこと（翌年の所得税から控除する場合には翌年の合計所得金額が3,000万円を超えないこと）
●居住年の前年及び前々年において「3,000万円特別控除」などの特例を受けていないこと
●住宅ローン控除の適用を受けないこと

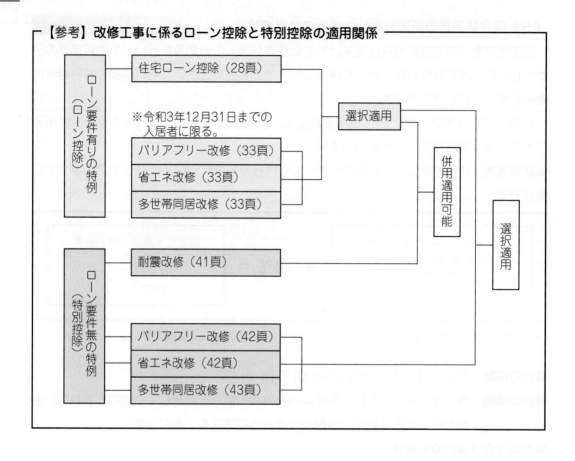

【参考】改修工事に係るローン控除と特別控除の適用関係

- ローン要件有りの特例（ローン控除）
  - 住宅ローン控除（28頁）
  - ※令和3年12月31日までの入居者に限る。
  - バリアフリー改修（33頁）
  - 省エネ改修（33頁）
  - 多世帯同居改修（33頁）
- ローン要件無の特例（特別控除）
  - 耐震改修（41頁）
  - バリアフリー改修（42頁）
  - 省エネ改修（42頁）
  - 多世帯同居改修（43頁）

選択適用 / 併用適用可能 / 選択適用

3. 相続時精算課税

（1）通常の相続時精算課税

　贈与税の課税制度には、「暦年課税」と「相続時精算課税」の2つがあり、一定の要件に該当する場合には、相続時精算課税を選択することができます。この制度は、贈与時に贈与財産に対する贈与税を納め、その贈与者が亡くなった時にその贈与財産の贈与時の価額と相続財産の価額とを合計した金額を基に計算した相続税額から、既に納めたその贈与税相当額を控除することにより贈与税・相続税を通じた納税を行うものです。

❶ 相続時精算課税を選択した場合における贈与税額の計算方法

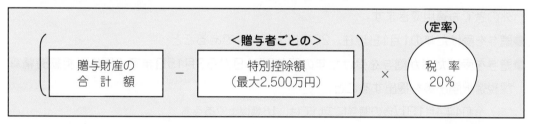

（注）・特別控除額は、2,500万円に達するまで、複数年にわたり控除できます。したがって、2,500万円までの贈与には、贈与税は課税されません。
　　　・相続時精算課税を選択した贈与者からの贈与については、従来の贈与税の基礎控除110万円の控除はできません。
　　　・贈与税の税率は、10％〜55％の超過累進税率ではなく、一律20％の税率となります。
　　　　ただし、贈与者が死亡した時にはその贈与財産の贈与時の価額を相続財産の価額に加算して相続税で再計算することにより、支払った贈与税が精算されます。

❷ 相続時精算課税を選択した場合における相続税額の計算方法

　相続税額は、相続時精算課税を選択した年以後の各年において取得した贈与財産の合計額と相続により取得した相続財産の合計額との合算額を課税価格とし、この課税価格を基にして相続税の課税方式（法定相続分による遺産取得課税方式）によって算出した相続税額から、既に支払った相続時精算課税に係る贈与税額を控除した額とします。

　なお、相続時精算課税を適用して贈与を受けた財産の価額を相続財産に加算した価額の合計額が相続税の基礎控除額以下であれば相続税の申告は必要ありません。相続税額から控除しきれない贈与税額がある場合には、その控除しきれない贈与税額は、相続税の申告をすることによって還付を受けることができます。

■ 適用を受けるための条件

＜贈与者＞

　　贈与をする者は、次の要件を満たす者であること

●贈与をした年の1月1日において60歳以上である者であること

＜受贈者＞

　　贈与を受けた者は、次の要件を満たす者であること

●贈与した者（父母又は祖父母）の直系卑属（子や孫）である推定相続人（養子又は代襲
　相続人を含む）又は子孫であること

　　なお、贈与により「非上場株式等についての贈与税の納税猶予及び免税の特例」の適用
　に係る非上場株式等を取得する場合は、受贈者が贈与者の直系卑属である推定相続人以
　外の者でも適用できます。

●贈与を受けた年の1月1日現在、20歳以上（※）であること

●贈与を受けた者が贈与を受けた年の翌年2月1日から3月15日までの間に、相続時精算
　課税選択届出書を提出すること

　（※）令和4年4月1日以後の贈与については、18歳以上である者

■ 適用手続

　　相続時精算課税の適用を受けようとする受贈者は、贈与を受けた財産に係る贈与税の申
告期間内に「相続時精算課税選択届出書」（贈与者ごとに作成しなければなりません）と
一定の添付書類（77頁参照）を贈与税の申告書に添付し、贈与税の納税地の所轄税務署
長に提出しなければなりません。

　　「相続時精算課税選択届出書」を提出した場合には、その届出書に係る贈与者からの贈
与により取得する財産については、相続時精算課税を適用した年分以降、すべて相続時精
算課税の適用を受けることになります。

　　なお、提出された「相続時精算課税選択届出書」は撤回することはできません。

（2）住宅取得等資金の相続時精算課税の特例

　20歳以上（その年の1月1日現在）の子又は孫（贈与者の直系卑属である推定相続人）が、父母又は祖父母から自己の居住の用に供する一定の家屋の新築、取得（家屋とともに取得する土地等の取得を含む）をするための資金の贈与を受けた場合、又は自己の居住の用に供する家屋につき行う一定の増改築等のための資金の贈与を受けた場合には、資金の贈与者である父母又は祖父母が60歳未満であっても（１）の相続時精算課税を選択することができます。

●相続時精算課税を選択した場合における贈与税額の計算方法

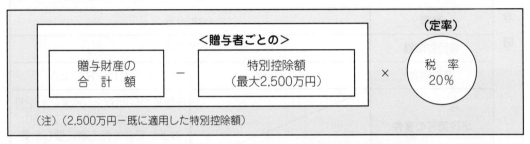

（注）（2,500万円－既に適用した特別控除額）

　ただし、贈与者が死亡した時にはその贈与財産の贈与時の価額を相続財産の価額に加算して相続税で再計算することにより、支払った贈与税が精算されます。

■適用を受けるための条件等

　適用を受けるための条件、新築住宅の取得時期及び入居時期、適用除外の各種適用要件等については、53頁以降をご確認ください。

			相続時精算課税	
			通常の場合	住宅取得等資金の贈与
贈与時	年齢の制限	贈与者	60歳以上の父母又は祖父母	父母又は祖父母（年齢制限なし）
		受贈者	20歳以上（※）の子又は孫（養子又は代襲相続人を含む）	
	贈与制度の選択		各受贈者が贈与者ごとに、贈与制度の選択をすることができる	
	受贈財産		制限なし	金銭
	税額計算		（選択した贈与者ごとの贈与財産の累積価額－特別控除額）×20％	
	税率		一律20％	
	特別控除額		2,500万円	
	適用期間		恒久的措置	H15.1.1 ～ R3.12.31
	増改築等の要件			床面積が40㎡以上（令和2年12月31日までの贈与については、50㎡以上）で、その工事に要した費用の額が100万円以上のもの
相続時	生前贈与加算の取扱い		相続時精算課税適用者に対するすべての贈与について相続財産に加算される	
	贈与税額控除		控除しきれない贈与税相当額については還付される	

（※）令和4年4月1日以後の贈与については、18歳以上。

4. 直系尊属から住宅取得等資金の贈与を受けた場合の非課税の特例

　20歳以上(その年の1月1日現在（令和4年4月1日以後については18歳以上）)の者が、平成27年1月1日から令和5年12月31日までの間に、父母や祖父母など直系尊属から自己の居住の用に供する一定の家屋の新築、取得（家屋とともに取得する土地等の取得を含む）をするための資金の贈与を受けた場合、又は自己の居住の用に供する家屋の一定の増改築等のための資金の贈与を受けた場合には、その住宅取得等資金のうち一定の金額について贈与税が非課税となります。

■ 非課税枠

❶ 住宅用家屋の取得等に係る対価の額又は費用の額に含まれる消費税等の税率が10%である場合

住宅用家屋の取得等に係る契約の締結期間	省エネ・耐震性がある住宅	左記以外の住宅
平成31年4月1日～令和2年3月31日	3,000万円	2,500万円
令和2年4月1日～令和3年12月31日	1,500万円※1	1,000万円※2
令和4年1月1日～令和5年12月31日	1,000万円※1	500万円※2

※1 東日本大震災の被災者の非課税枠は、1,500万円
※2 東日本大震災の被災者の非課税枠は、1,000万円

❷ 上記❶以外の場合

住宅用家屋の取得等に係る契約の締結期間	省エネ・耐震性がある住宅	左記以外の住宅
～平成27年12月31日	1,500万円	1,000万円
平成28年1月1日～令和2年3月31日	1,200万円※3	700万円※4
令和2年4月1日～令和5年12月31日	1,000万円※3	500万円※4

※3 東日本大震災の被災者の非課税枠は、1,500万円
※4 東日本大震災の被災者の非課税枠は、1,000万円

<省エネ・耐震性がある住宅>

　省エネ・耐震性がある住宅とは、次頁のいずれかの基準に該当するものをいいます。

●省エネ基準

　新築住宅の場合、国土交通省の断熱等性能等級4の基準又は一次エネルギー消費量等級4若しくは等級5の基準に適合していること

●耐震基準

　国土交通省の耐震等級2若しくは等級3の基準に適合していること、又は国土交通省の免震建築物の基準に適合していること

●高齢者等配慮基準

　高齢者等配慮対策等級3、等級4又は等級5の基準に適合していること

◆ 過去に非課税特例の適用を受けている場合の非課税限度額

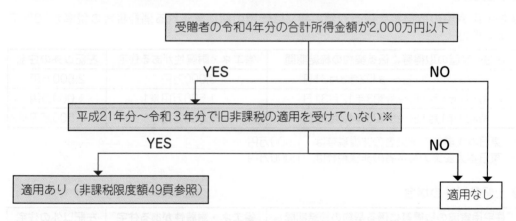

※住宅用家屋が東日本大震災、又は被災者生活再建支援法第2条第2号に規定する政令で定める自然災害により滅失している等においては、該当年度に旧非課税の適用を受けていたとしても、令和4年中に非課税の適用ができる場合があります。

■ 適用を受けるための要件（住宅取得等資金に係る非課税の特例）

＜適用期限＞
平成27年1月1日～令和3年12月31日

＜贈与された金銭の使途＞
- 住宅の新築又は新築住宅の取得（＊1）（＊2）（＊3）
- 中古住宅の取得（＊1）（＊3）
- 所有家屋の増改築（＊3）
  - （＊1）その住宅用家屋の取得と共にするその敷地である土地等の取得を含む
  - （＊2）土地等の先行取得も含みます（ただし、贈与年の翌年3月15日までにその土地の上に住宅用家屋の新築をする場合に限ります）
  - （＊3）特定受贈者の配偶者その他の特定受贈者と特別の関係にある一定の者との請負契約その他の契約に基づき取得等又は増改築等をする場合は、この特例は適用できません。

＜住宅について＞
　資金の贈与を受けた年の翌年3月15日までに住宅取得等資金の全額を充てて次のすべての条件を満たした住宅の取得・増改築等をし、かつ、翌年3月15日までにその住宅を居住の用に供すること、又は贈与を受けた年の翌年の年末までに居住していること。
- 家屋の床面積が50㎡以上（令和3年1月1日以後の贈与で、贈与を受けた年分の合計所得金額が1,000万円以下の場合には、40㎡以上）240㎡以下（東日本大震災の被災者については、240㎡超でも可）であること、床面積の2分の1以上が自己の居住用であること
- 中古住宅を購入した場合、さらに次の要件を満たしていること
  新耐震基準に適合している住宅用家屋（登記簿上の建築日付が昭和57年1月1日以降の家屋については、新耐震基準に適合している住宅用家屋とみなす）
  （※）築年数要件は撤廃
- 増改築等の場合は、工事費用が100万円以上であること、増改築後の床面積が50㎡以上（令和3年1月1日以後の贈与で、贈与を受けた年分の合計所得金額が1,000万円以下の場合には、40㎡以上）240㎡以下（東日本大震災の被災者については、240㎡超でも可）であること、その他の要件を満たしていること
- 省エネ・耐震性がある住宅は、一定の証明書（85頁参照）により証明がされているものであること

＜その他＞
住宅取得等資金の贈与を受けた者は、次の要件を満たす者であること
- 次のいずれかに該当する者であること
  ① 贈与を受けた時に日本国内に住所を有すること（受贈者が一時居住者（＊4）であり、かつ、贈与者が外国人贈与者（＊5）又は非居住贈与者（＊6）である場合を除きます）
  ② 贈与を受けた時に日本国内に住所を有していないものの日本国籍を有し、その贈与の日前10年以内のいずれかの時に日本国内に住所を有したことがあること
  ③ 贈与を受けた時に日本国内に住所を有していないものの日本国籍を有し、その贈与の日前10年以内のいずれの時にも日本国籍を有したことがなく、かつ、贈与者が外国人贈与者又は非居住贈与者に該当しないこと
  ④ 贈与を受けた時に日本国内に住所も日本国籍も有しておらず、かつ、贈与者が外国人贈与者又は非居住贈与者に該当しないこと
  - （＊4）「一時居住者」とは、贈与の時に在留資格を有し、贈与の日前15年以内において日本国内に住所を有していた期間の合計が10年以下であるもの
  - （＊5）「外国人贈与者」とは、贈与の時に在留資格を有し、かつ、日本国内に住所を有していた贈与者であるもの
  - （＊6）「非居住贈与者」とは、贈与の時に日本国内に住所を有していなかった贈与者で、下記ア～イのいずれかに該当するもの

ア：贈与の日前10年以内のいずれかの時に日本国内に住所を有していたことがあるものの中で、そのいずれの時にも日本国籍を有していなかったものに限る）

イ：贈与の日前10年以内のいずれの時にも日本国内に住所を有していたことがないもの

●直系尊属から住宅取得等資金の贈与を受けた者であること
●贈与を受けた年の1月1日現在、20歳以上（令和4年4月1日以降は18歳以上）であること
●贈与を受けた年分の合計所得金額が2,000万円以下の者であること

■ 適用を受けるための条件（住宅取得等資金に係る相続時精算課税選択の特例）

＜適用期間＞
　平成15年1月1日～令和3年12月31日
＜贈与された金銭の使途＞
● 住宅の新築又は新築住宅の取得（＊1）（＊2）（＊3）
● 中古住宅の取得（＊1）（＊3）
● 所有家屋の増改築等（＊3）
　（＊1）その住宅用家屋の取得と共にするその敷地である土地等の取得を含む
　（＊2）土地等の先行取得も含みます（ただし、贈与年の翌年3月15日までにその土地の上に住宅用家屋の
　　　　新築をする場合に限ります）
　（＊3）特定受贈者の配偶者その他の特定受贈者と特別の関係にある一定の者との請負契約その他の契約に
　　　　基づき取得等又は増改築等をする場合は、この特例は適用できません。
＜住宅について＞
　資金の贈与を受けた年の翌年3月15日までに住宅取得等資金の全額を充てて次のすべての条件
を満たす住宅の新築・取得・増改築等をし、かつ、翌年3月15日までにその住宅を居住の用に供
すること又は贈与を受けた年の翌年の年末までに居住していること。
● 家屋の床面積は40㎡以上（令和2年12月31日までの贈与については、50㎡以上）で、床面積
　の2分の1以上が自己の居住用であること
● 中古住宅を購入した場合、さらに次の要件を満たしていること
　新耐震基準に適合している住宅用家屋（登記簿上の建築日付が昭和57年1月1日以降の家屋に
　ついては、新耐震基準に適合している住宅用家屋とみなす）
　（※）築年数要件は撤廃
● 増改築等の場合は、工事費用が100万円以上であること、増改築後の床面積が40㎡以上（令和
　2年12月31日までの贈与については、50㎡以上）であること、その他の要件を満たしている
　こと
＜その他＞
　住宅取得等資金の贈与を受けた者は、次の要件を満たす者であること
● 次のいずれかに該当する者であること
　① 贈与を受けた時に日本国内に住所を有すること（受贈者が一時居住者（＊4）であり、かつ、
　　贈与者が外国人贈与者（＊5）又は非居住贈与者（＊6）である場合を除きます）
　② 贈与を受けた時に日本国内に住所を有していないものの日本国籍を有し、その贈与の日前
　　10年以内のいずれかの時に日本国内に住所を有したことがあること
　③ 贈与を受けた時に日本国内に住所を有していないものの日本国籍を有し、その贈与の日前
　　10年以内のいずれの時にも日本国内に住所を有したことがなく、かつ、贈与者が外国人贈
　　与者又は非居住贈与者に該当しないこと
　④ 贈与を受けた時に日本国内に住所も日本国籍も有しておらず、贈与者が外国人贈与者又は
　　非居住贈与者のいずれにも該当しないこと
　（＊4）「一時居住者」とは、贈与の時に在留資格を有し、贈与の日前15年以内において日本国内に住所を
　　　　有していた期間の合計が10年以下であるもの
　（＊5）「一時居住贈与者」とは、贈与の時に在留資格を有し、かつ、日本国内に住所を有していた贈与者
　　　　であるもの
　（＊6）「非居住贈与者」とは、贈与の時に日本国内に住所を有していなかった贈与者で、下記ア～イのい
　　　　ずれかに該当するもの
　　　　ア：贈与の日前10年以内のいずれかの時に日本国内に住所を有していたことがあるもの
　　　　　　の中で、そのいずれの時にも日本国籍を有していなかったもの
　　　　イ：贈与の日前10年以内のいずれの時にも日本国内に住所を有していたことがないもの

●贈与した者（父母又は祖父母）の直系卑属である推定相続人（子又は孫）（養子又は代襲相続人を含む）であること
●贈与を受けた年の1月1日現在、20歳以上（令和4年4月1日以降は18歳以上）であること
●贈与を受けた者が贈与を受けた年の翌年2月1日から3月15日までの間に相続時精算課税選択届出書を提出する者であること（47頁参照）

■ 新築住宅の取得時期及び入居時期

　この特例の適用要件のひとつに「贈与を受けた年の翌年3月15日までに住宅の取得等をすること」というものがありますので、住宅の取得時期にあわせて贈与を受けるタイミングを決めることが必要です。新築住宅の「住宅の取得時期と入居時期」は次のとおりとなっていますので、ご注意ください。

❶ 取得時期

> マンション
> 分譲住宅など

贈与を受けた年の翌年3月15日までに**その住宅の引渡し**を受けていることが必要です。

> 注文住宅など

贈与を受けた年の翌年3月15日までに土地に定着した建造物として認められる状態（**棟上げの状態**）ができているのであれば適用を受けることができます（ただし、新築に準ずる状態であっても同日までに住宅取得等資金の全額を支払っていない場合は適用を受けることはできません）。

❷ 入居時期

　贈与を受けた年の翌年3月15日において居住の用に供している場合のほか、居住の用に供することが確実な場合についても適用を受けることが可能ですが、その際には、贈与を受けた年の翌年の年末までに居住していることが必要です。

■ 適用除外

次に掲げる者からの取得・増改築等は、適用を受けることができません。

① 住宅取得等資金受贈者の直系血族

② 住宅取得等資金受贈者の親族（配偶者及び直系血族を除く）で、その受贈者と生計を一にしている者

③ 住宅取得等資金受贈者と内縁関係にある者、及びその者と生計を一にしているその親族

④ 住宅取得等資金受贈者の配偶者及び上記①～③以外の者で、その受贈者から受ける金銭等によって生計を維持している者及びその者と生計を一にしているその親族

■ 適用手続

　直系尊属から住宅取得等資金の贈与を受けた場合の非課税の特例の適用を受けようとする受贈者は、贈与を受けた財産に係る贈与税の申告期限内に一定の添付書類（81頁参照）を贈与税の申告書に添付し、贈与税の納税地の所轄税務署長に提出しなければなりません。

■ 適用上のポイント

●父母だけでなく、祖父母からの贈与も対象

●贈与期間は令和5年12月31日までの贈与が対象

●非課税特例適用後の残額に対して暦年課税における基礎控除額（110万円）、もしくは相続時精算課税に係る特別控除額（2,500万円）の適用ができます。

●暦年贈与による贈与であっても、相続開始前3年以内の贈与に係る生前贈与加算の対象とはなりません。

●相続時精算課税を選択している者においても非課税金額に相当する部分は相続財産の価額に加算する必要はありません。

●住宅取得等資金の贈与を受けた年の翌年12月31日までに居住することが確実であるとして本特例の適用を受けた場合において、同日までに居住していないときは、同日から2か月以内に修正申告書を提出しなければなりません。この修正申告書を故意に提出しない場合は、5年以下の懲役又は500万円以下の罰金に処することとされています。（47頁に記載の「住宅取得等資金の相続時精算課税の特例」も同様の取扱い）

申告書記入例「住宅取得等資金に係る相続時精算課税を選択した場合」の贈与税申告書の記入例（**事例6**）は、125頁をご確認ください。

■ よくある質問・・・

● 住宅取得等資金の贈与税の非課税の特例における
　取得期限の延長

Q　　住宅取得等資金の非課税の特例について、次の場合に該当し、期限までに住宅の取得又は居住ができなかった場合でも適用を受けることはできますか。

　① 令和２年に父から住宅資金の贈与を受けて、家屋の棟上げまで工事が終了し、令和３年12月31日までに居住する見込みであるとして、この特例の適用を受けて贈与税の申告を行ったが、新型コロナウイルス感染症の影響により住宅の新築工事の工期が延長され同日までに居住できなかった場合

　② 令和３年１月に母から贈与を受けた住宅資金について特例の適用を受ける予定であり、令和４年３月15日までに住宅を新築する見込みであったが、新型コロナウイルス感染症の影響により工事の工期が延長され、同日までに工事が完了できない場合

A.　「住宅取得等資金の贈与税の非課税の特例」の適用を受けるためには、取得期限（贈与を受けた年の翌年３月15日）までに住宅取得等資金の全額を充てて住宅用の家屋の新築（いわゆる棟上げまで工事が了している状態を含みます。）又は取得等をし、居住期限（同年12月31日）までにその家屋に居住する必要があります。

　ただし、「災害に基因するやむを得ない事情」により、取得期限までに新築等ができなかった場合又は居住期限までに居住ができなかった場合には、それぞれの期限が１年延長され、特例の適用を受けることができます（租税特別措置法70条の２第10項、第11項）。

　今般の新型コロナウイルス感染症に関しては、例えば、緊急事態宣言などによる感染拡大防止の取組に伴う工期の見直し、資機材等の調達が困難なことや感染者の発生などにより工事が施行できず工期が延長される場合など、新型コロナウイルス感染症の影響により生じた自己の責めに帰さない事由については、「災害に基因するやむを得ない事情」に該当するものと認められます。

　したがって、お尋ねの場合が、上記のやむを得ない事情に該当するときは、

　・①の場合については、居住期限の延長がされますので、その延長後の居住期限（令和４年12月31日）までにその家屋に居住すれば、この特例の適用を受けることができます。

　・②の場合については、取得期限と居住期限が延長されますので、その延長後の取得期限（令和５年３月15日）までにその家屋を取得し、延長後の居住期限（令和５年12月31日）までにその家屋に居住すれば、この特例の適用を受けることができます。

（出展：国税庁HP「国税における新型コロナウイルス感染症拡大防止への対応と申告や納税などの当面の税務上の取扱いに関するＦＡＱ」）

■ 暦年贈与と相続時精算課税との課税価額の計算方法の相違点

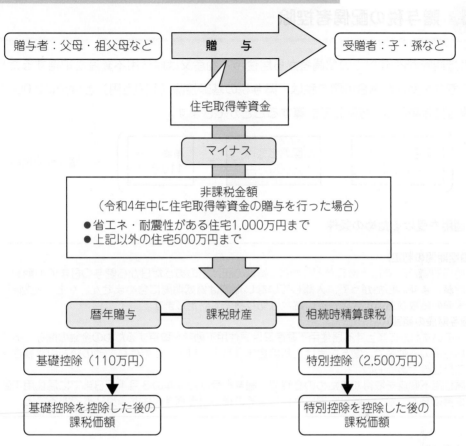

5. 贈与税の配偶者控除

　婚姻期間が20年以上の配偶者から居住用不動産又は居住用不動産を取得するための金銭の贈与を受けた場合の贈与税は、贈与税の基礎控除（110万円）とは別に2,000万円を配偶者控除額として控除して計算することができます。

$$\left(\boxed{\substack{贈与を受けた \\ 財産の価額}} \quad - \quad \boxed{\substack{配偶者控除 \\ 2,000万円}} \quad - \quad \boxed{\substack{基礎控除 \\ 110万円}} \right) \quad \times \quad 贈与税の税率$$

■ 適用を受けるための条件

〈婚姻期間の判定〉
　婚姻期間が20年以上あるかどうかは、婚姻の届け出のあった日から贈与の日までの期間によって計算します。したがって、入籍していない期間は婚姻期間に含めません。なお、婚姻期間に1年未満の端数があるときは、その端数は切り捨てて判定します。

〈贈与財産の範囲〉
　次のいずれかに該当する居住用不動産又は居住用不動産を取得するための金銭の贈与であること
● 居住用の不動産で、贈与を受けた年の翌年3月15日までに居住し、その後も引き続き居住する見込みであるもの
● 居住用不動産を取得するための金銭で、贈与を受けた翌年の3月15日までに居住用不動産の取得に充て、かつ、同日までに居住し、その後も引き続き居住する見込みであること

■ 注意点

● 配偶者控除は同一の配偶者について一生に一回しか適用されない。
● 内縁関係にある人は特例の控除対象者にならない。
● 居住用不動産を贈与する場合は、相続税評価額が基準になるため実勢価格で2,000万円以上の財産を配偶者に移すことができる。
● 居住用不動産を贈与する場合は、次の登録免許税が課税される。
　固定資産税評価額×2.0％
● 居住用不動産を贈与する場合若しくは贈与により取得した金銭をもって居住用不動産を購入する場合には次の不動産取得税が課税される。
　土地：固定資産税評価額×1/2×3％
　建物：固定資産税評価額×3％

申告書記入例 「贈与税の配偶者控除」を受ける場合の贈与税申告書の記入例（事例7）は、129頁をご確認ください。

6. 不動産の名義に関する注意点

■ 2人以上で購入資金を負担した場合

土地や建物の取得にあたり、2人以上で購入資金を負担した場合、その負担割合に応じた登記をしないと贈与税の課税が生じます。

例えば、父が2,000万円、子が1,000万円の負担をしていたにもかかわらず、それぞれの持分を2分の1として登記すれば、3,000万円×1/2＝1,500万円がそれぞれの持分となり、子は1,500万円－1,000万円＝500万円の贈与を父から受けたことになります。

したがって、この場合は、父3分の2、子3分の1として登記すれば贈与税の課税を回避できます。

■ 連帯債務の場合

夫の所得水準での借入金だけでは資金が不足するため、妻との連帯債務で融資を受けるようなときには、連帯債務の負担割合で登記することが必要です。

連帯債務とは、債権者に対し、各連帯債務者がそれぞれ債務の全額について返済しなければならない義務を負う契約をいいます。連帯債務については当事者間の内部契約（次頁の合意書見本参照）により、各連帯債務者の年間所得の比率など合理的な基準によりその負担割合を定め登記に反映させることが必要です。

なお、連帯債務により取得した家屋について、一定の要件を満たす場合には、その連帯債務の各債務者について住宅ローン減税の適用を受けることができます。

■ 連帯保証の場合

連帯保証とは、主たる債務者がその債務の弁済ができなくなった場合に、連帯してその債務の弁済にあたる義務を負う契約です。そのため、登記に反映させる必要はありません。

なお、連帯保証人については、住宅ローン減税の適用は受けられません。

■ 親子リレーローンの場合

例えば、父が高齢のため長期の住宅ローンを組むことができず、かつ、子単独では所得が少ないため十分な住宅ローンを組むことができない場合には、親子リレーローンを活用することにより、それぞれの欠点を補うことができます。

この場合、親子リレーローンは、当初の借入債務者は父になり、子は債務者でも連帯債務者でもありません。（連帯保証人になっている可能性はありますが…）

したがって、建物の所有者は父1人になります（子が自己資金を拠出していれば、その分は共有持分として登記します）。

ただし、金融機関によっては、親子リレーローンの名称でも、実質は連帯債務の例もありますので、契約内容に注意してください。

◆連帯債務の負担割合を定める合意書の例

合　意　書

1．甲及び乙は、令和＊＊年＊＊月＊＊日金銭消費貸借契約に基づき債権者株式会社○○銀行から金＊＊＊＊円を連帯して借り受けたが、その債務の負担部分について下記のとおり合意した。

　　甲の負担部分　　　　　＊＊＊＊円
　　乙の負担部分　　　　　＊＊＊＊円

2．連帯借主２名は、債権者に対する関係においては各自借受金全額を支払うべき責を負うことを確認する。但し、自己の負担部分を超えて支払ったときは、その負担部分の割合に応じて他の連帯借主に対し、求償することができるものとする。

　　この合意を証するため本書を作成し、各自署名押印する。

　　　　　　　　　　　　　　　　　令和＊＊年＊＊月＊＊日

　　連帯借主（甲）
　　　住所
　　　　氏名　　　　　　　　　　　　　　　　　　　㊞

　　連帯借主（乙）
　　　住所
　　　　氏名　　　　　　　　　　　　　　　　　　　㊞

❶ 親子間の金銭消費貸借

　親子等親族間で金銭の貸し借りを行う場合にも、金銭消費貸借契約書を作成しておく方が望ましいといえます。書式は、一般的な金銭消費貸借契約書の雛型を基に作成し、特に公正証書で作成していなくても構いません。

　その契約書に、債務の金額、返済期間、返済方法、利率などを明記しておきます。これらの条件が、通常融資を受ける場合の条件に比べ、極端に有利な契約となっていると、その部分について贈与税が課される可能性があります。また、債権者の年齢からみて明らかに生前に回収が不可能な返済期間の設定や、債務者の年収からみて返済が不可能な金額の借り入れについては、贈与とみなされることもありますので、注意が必要です。

　例えば、子が親から借りるとして、1,000万円を20年返済とすると単純元本は月41,000円（年50万円）となります。子が専業主婦などの場合には、その返済資金はどこから調達するのか明らかでないと、返済能力のない借り入れ、つまり親からの贈与だろうという疑いを受けることにもなります。

　さらに、最も重要なことは、返済について、子の口座から親の口座へと銀行口座を通して行い、返済を確かに行っているという証拠が残るようにしておくことです。

◆親子間の金銭消費貸借契約における注意点

債務の金額	債務者の年収から判断して返済可能な金額であるか？
返済期間	通常融資を受けた場合と同程度の返済期間であるか？ 平均余命等から判断して債権者の生前中に返済が終了するか？
返済方法	毎月、毎年等定期的な返済がなされているか？
利　　率	通常融資を受けた場合と同程度の利率であるか？

❷ 金利

　金利については、住宅の取得のために住宅金融支援機構や都市銀行などから融資を受けた場合の金利を適用すれば問題ないかと思います。

　また、贈与税には年間基礎控除として110万円の基礎控除があります。そのため、年市中金利3％・元本3,500万円であると利息が105万円となり、これを免除してもその免除額は贈与税の基礎控除の範囲内になります。

　なお、貸付者には、所得税法上、受取金利分が雑所得として課税対象となりますので、他の所得と合計して総合課税により確定申告することが必要です（貸付者がサラリーマンで一定の給与収入以下などの要件を満たす場合は、給与所得以外の所得が20万円以下であれば所得税の確定申告をする必要はありません）。

◆**金銭消費貸借契約書の例**

収入印紙

金銭消費貸借契約書

　　貸主　○○　○○と、借主　○○　○○との間に、次のとおり金銭消費貸借契約を締結した。

第１条　　貸主は本日金＊＊＊＊＊＊円也を借主に貸し渡し、借主はたしかにこれを借り受け、受領した。

第２条　　借主は、下記の事項を履行することを約した。

１.元金は、令和＊＊年＊＊月＊＊日から令和＊＊年＊＊月＊＊日まで毎月＊＊日限り金＊＊＊＊円あて計＊＊回の月賦で返済する。

２.利息は年利率＊％と定め、毎月＊＊日限りその月分を支払う。

３.期限後または期限の利益を失ったときは、以後完済にいたるまで年利率＊％の損害遅延金を支払う。

４.次の場合には、期限の利益を失い、何ら催告を要しないでただちに元利金を完済すること

① 割賦金及び利息を期限に支払わないとき

② 他の債務者から強制執行（仮差押を含む。）を受けたとき

③ 他の債務により、競売、破産又は会社更生の手続開始があったとき

④ その他本契約に違反したとき

　　上の金銭消費貸借契約を証するため本契約書２通を作成し、各当事者署名押印のうえ、各１通を所持します。

　　　　　　　　　　　　　　　　　　　令和＊＊年＊＊月＊＊日

　　　貸主　　住所
　　　　　　　氏名　　　　　　　　　　　　　　㊞

　　　借主　　住所
　　　　　　　氏名　　　　　　　　　　　　　　㊞

◆**消費貸借に関する契約書に貼付する印紙税**

課税標準（契約金額）	税額（1通につき）	課税標準（契約金額）	税額（1通につき）
10万円以下のもの	200円	1億円以下のもの	60,000円
50万円以下のもの	400円	5億円以下のもの	100,000円
100万円以下のもの	1,000円	10億円以下のもの	200,000円
500万円以下のもの	2,000円	50億円以下のもの	400,000円
1,000万円以下のもの	10,000円	50億円を超えるもの	600,000円
5,000万円以下のもの	20,000円	契約金額の記載のないもの	200円

※ 契約金額が1万円未満のときは非課税

7. 住宅を取得した場合の支援制度

■住まい給付金

制度の概要	マイホームの新築や購入をした方が一定の収入要件を満たす場合に最大50万円の給付金を受け取れる制度です。
対象期間	令和3年12月31日までに入居された方（一定の期間内※1に契約した場合は、令和4年12月31日までに入居された方） ※1）注文住宅の新築の場合：令和2年10月1日から令和3年9月30日まで 　　　分譲住宅・中古住宅の取得の場合：令和2年12月1日から令和3年11月30日まで

給付額

収入額（都道府県民税の所得割額）によって給付基礎額が決まり、給付基礎額に登記上の持分割合を乗じた金額（千円未満端数切り捨て）が給付されます。

給付基礎額　×　持分割合　＝　給付額（千円未満切捨）

給付基礎額は、住宅取得者の取得時に適用される「消費税率」に応じて異なります。

《消費税率8％の場合》

収入額の目安	都道府県民税の所得割額※	給付基礎額
425万円以下	6.89万円以下	30万円
425万円超 475万円以下	6.89万円超 8.39万円以下	20万円
475万円超 510万円以下	8.39万円超 9.38万円以下	10万円

《消費税率10％の場合》

収入額の目安	都道府県民税の所得割額※	給付基礎額
450万円以下	7.60万円以下	50万円
450万円超 525万円以下	7.60万円超 9.79万円以下	40万円
525万円超 600万円以下	9.79万円超 11.90万円以下	30万円
600万円超 675万円以下	11.90万円超 14.06万円以下	20万円
675万円超 775万円以下	14.06万円超 17.26万円以下	10万円

※都道府県民税の所得割については、市区町村の発行する「課税証明書」により確認します。なお、政令指定都市及び神奈川県は県民税の税率が他の都道府県と異なるため、所得割額が上記の表とは異なりますのでご注意ください。

対象住宅

対象となる住宅の要件は、新築住宅と中古住宅で異なり、さらに、現金取得の場合は追加要件を満たす必要があります。

《住宅ローン※2利用者の要件》

新築住宅	中古住宅
●自らが居住する ●床面積が50㎡以上※3 ●工事中の検査により品質が確認された次の住宅 ・住宅瑕疵担保責任保険に加入 ・建設住宅性能表示制度を利用　等	●売主が宅地建物取扱業者である ●自らが居住する ●床面積が50㎡以上※3 ●売買時等の検査により品質が確認された次の住宅 ・既存住宅売買瑕疵保険に加入 ・既存住宅性能表示制度を利用（耐震等級1以上に限る） ・建築後10年以内で、新築時に住宅瑕疵担保責任保険に加入または建設住宅性能表示制度を利用

	《住宅ローン※2利用者の要件》	
	新築住宅	**中古住宅**
対象住宅	上記の住宅ローン利用者の要件に加えて ●フラット35S（令和2年12月時点）基準を満たす ●50歳以上（住宅を引渡された年の12月31日時点） ●収入額の目安が650万円以下（都道府県民税の所得割額が13.30万円以下）	上記の住宅ローン利用者の要件に加えて ●50歳以上（住宅を引渡された年の12月31日時点） ●収入額の目安が650万円以下（都道府県民税の所得割額が13.30万円以下）

※2）住宅ローンとは、住宅取得のために金融機関等から行った償還期間が5年以上の借入れをいいます。
※3）※1）の期間内に契約した場合は、40㎡以上。

（出典：国土交通省資料）

制度の詳細	すまい給付金ホームページ　https://sumai-kyufu.jp/
課税関係	すまい給付金を受け取った場合には、受け取った日の属する年分の一時所得として所得税の課税対象になります。

所得税の確定申告の仕方

サラリーマンは、年末調整により所得税が精算されますので、通常、確定申告をする必要はありません。しかし、マイホームを売却して譲渡益が発生している場合や、各種特例の適用を受けるためには、確定申告書を提出する必要があります。

（1）確定申告の時期

　所得税は、暦年ベースで課税され、毎年1月1日から12月31日までの1年間の所得について、翌年2月16日から3月15日（令和4年分の申告については、令和5年2月16日から3月15日）までの間に申告しなければなりません。しかし、還付を受けるための申告は、年が明ければ2月15日以前でも受け付けてもらえます。

　申告書を提出すると、約1か月程度で本人の金融機関の口座（確定申告書に希望する口座を記入します）に振り込まれる方法で還付されます。

　混雑する確定申告時期を避けて、なるべく早めに申告して税金の還付を受けられるとよいでしょう。

（2）確定申告書の提出先と提出方法

＜提出先＞

　原則として、住所を管轄する税務署へ提出することとなっています。

＜提出方法＞

　提出方法としては、税務署に確定申告書を持参して提出する方法のほか、郵送により提出する方法、電子申告により提出する方法も可能です。

　提出する際には、提出したことの証明やあとで内容を確認する時のために、提出する申告書と同じ内容を記載した申告書の控えを持参し、その控えに受付印を押印してもらうことをお勧めします。郵送の場合には、控えの用紙と返信用封筒（宛先の記載をして切手を貼ったもの）を同封すれば、受付印を押印した控えを送り返してもらえます。電子申告の場合には、e-Tax（国税電子申告・納税システム　https://www.e-tax.nta.go.jp/）に、あらかじめ開始届出書を提出し、登録をしておけばインターネット経由で国税に関する申告や納税、申請・届出などの手続ができます（ただし、添付書類等は別途提出が必要になります）。

　確定申告書の記載方法がわからない場合は、税務署に行けば、税務署の職員が教えてくれます。また、確定申告時期には、市役所や駅のターミナルなどで無料相談会（相談内容について制限がある場合もありますので事前にご確認ください）が催され記載方法の指導を行っていますので、利用されるとよいでしょう。

（3）所得税の納付が必要な場合

　３月15日までに税務署指定の納付書（税務署においてあります）に納付する税額を記載し、金融機関に持参して納付します。３月15日を過ぎると延滞税や加算税が別途かかりますので、注意が必要です。

　また、その他の納付の方法として「振替納税制度」及び「ダイレクト納付」等があります。「振替納税制度」とは、指定の金融機関の預金口座から自動的に納税が行われる方法で、振替日は例年4月中旬頃です。なお、既に振替納税制度を利用されている方が、転居等により申告書の提出先の税務署が変更になった場合には、転居先の所轄税務署へ再度振替納税の手続をする必要があります。

　「ダイレクト納付」とは、e-Tax（国税電子申告・納税システム）により申告書等を提出した後、納税者ご自身名義の預貯金口座から、即時又は指定した期日に、口座引落しにより国税を電子納付する手続で、利用に際しては、事前に税務署へe-Taxの利用開始手続を行った上、専用の届出書を提出する必要があります。

　なお、令和３年１月から、個人の方の振替依頼書及びダイレクト納付利用届出書をe-Taxで提出が可能となりました。

　パソコンやスマートフォンからe-Tax（Web版・SP版）にログインし、入力画面に沿って必要事項を入力することにより、振替依頼書等の記入や金融機関届出印の押印なしに、オンラインで振替依頼書等を提出できるようになります。

　なお、振替依頼書等のオンライン提出においては、金融機関の外部サイトにより利用者認証を行うので、電子送信時に電子署名及び電子証明書の添付は不要となります。

電子申告する場合の流れ

事前準備
詳しくはe-TaxのHP「ご利用の流れ」をご覧ください。
https://www.e-tax.nta.go.jp/start/index.htm

①電子申告開始届出書の提出
②利用者識別番号の取得

| マイナンバーカード方式 | ID・パスワード方式 | 税理士に依頼 | …等 |

③電子証明書の取得

※信頼できる第三者（認証局）が間違いなく本人であることを電子的に証明するもので、書面取引における印鑑証明書に代わるもの。
　詳しくはe-TaxのHP「電子証明書の取得」（https://www.e-tax.nta.go.jp/systemriyo/systemriyo2.htm）をご覧ください。

申告書作成
詳しくはe-TaxのHP「確定申告書等作成コーナー ご利用ガイド」をご覧ください。
https://www.keisan.nta.go.jp/kyoutu/ky/st/guide/top

①作成開始

国税庁「確定申告書等作成コーナー」
https://www.keisan.nta.go.jp/kyoutu/ky/sm/top#bsctrl
（PC・スマートフォン共通）

②税務署への提出方法の選択

| マイナンバーカード方式 | ID・パスワード方式 | 税理士に依頼 | …等 |

③作成する申告書等の選択

所得税	決算書・収支内訳書	消費税	贈与税
● 所得税の確定申告書を作成します（医療費控除、寄附金控除、住宅ローン控除など）。	● 事業所得や不動産所得がある方が、青色申告決算書や収支内訳書を作成します。	● 個人の事業者の方が、消費税の確定申告書を作成します。	● 財産の贈与を受けた方が、贈与税の申告書を作成します。

注）　令和5年1月から、事業所得や不動産所得がある方もスマートフォンで「決算書」や「収支内訳書」が作成できます。

④申告書等の作成

申告書提出

《e-Tax　利用可能時間》

1. 通常期

火曜日〜金曜日	24時間
＊休祝日及び12月29日〜1月3日を除きます。	＊休祝日の翌稼働日は8時30分から利用開始します。
月・土・日・休祝日	8時30分〜24時
＊メンテナンス日を除きます。	

2. 所得税等の確定申告時期

全日	24時間
＊土日祝日等を含みます。	＊メンテナンス時間を除きます。

納税・還付を受ける

（4）共有名義の不動産を売却・購入した場合

　共有名義の場合は、それぞれが確定申告書を提出する必要があります。

■ 確定申告書の必要資料＜共通資料＞

	書　　類	請求先	備　　考
①	確定申告書	税務署	
②	給与所得の源泉徴収票の原本	勤務先	給与所得者の場合
③	銀行名・支店名・口座番号のわかるもの	―	還付金の振込口座を確定申告書に記載します。（本人の口座に限ります）
④	番号確認書類及び身元確認書類	―	(イ)番号確認書類は、個人番号カード（※1）・通知カード・マイナンバーの記載がある住民票の写しなどのうちいずれか1つ (ロ)身元確認書類は、運転免許証・パスポート・公的医療保険の被保険者証・身体障害者手帳などのうちいずれか1つ

※個人番号カードをお持ちの場合
　個人番号カードのみで、番号確認と身元確認が可能であるため、身元確認書類は不要です。

コメント
　従来は、確定申告書に提出者の押印が必要でしたが、令和3年度税制改正により、令和3年4月1日以後に提出する確定申告書には押印を要しないこととされました。

＜資産を売却した場合＞

	書　　類	請求先	備　　考
⑤	譲渡所得の内訳書（計算明細書）	税務署	
⑥	売買契約書の写し	―	
⑦	売却時の費用の領収書の写し	―	仲介手数料・売渡証書作成費用・契約書の印紙代・固定資産税精算書など
⑧	売却した資産の購入時の売買契約書・請負契約書の写し（※1・2）	―	取得費を計算するための書類として不明な場合には、譲渡収入の5％が概算取得費となります
⑨	売却した資産の購入時の費用の領収書の写し（※1・2）	―	仲介手数料・登記費用・契約書の印紙代・不動産取得税・固定資産税精算書など

※1　相続又は贈与により取得した資産を売却した場合

　被相続人又は贈与をした者の購入時の取得日・取得価額を引き継ぎますので、被相続人又は贈与をした者が購入した時の資料が必要になります。

※2　過去に買換え・交換の特例の適用を受けて取得した資産を売却する場合

　買換えや交換をする前の資産の取得価額を引き継ぎますので、上記資料に加えて、買換えや交換をする前の資産の資料も必要です。また、適用を受けた年の「確定申告書」・「譲渡所得の計算明細書」も必要になります。

（5）特例の適用を受ける場合の添付資料

確定申告書の必要資料＜共通資料＞のほか、下記の資料を添付します。

❶ 居住用財産の3,000万円特別控除

従来、居住用財産の3,000万円特別控除の申告手続を行う際には、住民票の写しの添付が必要となっておりましたが、マイナンバー制度の導入により、平成28年分の申告から、原則として住民票の写しの添付を要しない（以下の特例についても同様）こととなりました。

売却した人の住民票に記載されている住所とマイホームの所在地が異なる場合・・・

この特例は、その譲渡した資産に居住していなければ適用を受けることができませんが、子の学区の都合などの理由により譲渡した資産の所在地において住民登録をしていなかった場合には、下記の資料を添付して居住していたことを証明します。

これは、その他の居住用財産の特例についても同じです。

① 戸籍の附票の写し（譲渡をした日から2か月経過後に交付を受けたもの）
② 住民票を移転していないことの理由を記載した書類
③ 譲渡した資産に住んでいたことを証明する書類（電気・ガス・水道等の領収書など）

❷ 空き家に係る譲渡所得の特別控除の特例

	書　類	請求先	備　考
①	譲渡資産の登記事項証明書	法務局	被相続人から相続又は遺贈により取得したこと、被相続人居住用家屋が昭和56年5月31日以前に建築されたこと及び区分所有建物登記がされている建物でないことを明らかにするもの
②	被相続人居住用家屋等確認書	市役所	下記の（イ）、（ロ）等の一定の事項を明らかにするもの （イ）相続の開始の直前において、被相続人が被相続人居住用家屋を居住の用（居住の用に供することができない事由として特定の事由により相続の開始の直前において被相続人の居住の用に供されていなかった場合（老人ホーム等への入所要件を満たす場合に限る。）にける当該特定の事由により居住の用に供されなくなる直前の被相続人の居住の用を含む。）に供しており、かつ、被相続人居住用家屋に被相続人以外に居住をしていた人がいなかったこと。 （ロ）被相続人居住用家屋等が相続の時から対象譲渡の時まで事業の用、貸付けの用又は居住の用に供されていたことがないこと。
③	譲渡資産の売買契約書の写し	ー	売却代金が1億円以下であることを明らかにするもの

④	耐震基準適合証明書又は建設 住宅性能評価証明書	―	一定の耐震基準に適合する家屋であることを明 らかにするもの

❸ 居住用財産の軽減税率

	書　　　類	請求先	備　　　考
①	譲渡資産の登記事項証明書	法務局	所有期間が確認できるもの

❹ 特定の居住用財産の買換え特例

	書　　　類	請求先	備　　　考
①	戸籍の附票等	市役所 区役所	居住の用に供していた期間を明らかにするもの
②	被相続人の住民票		父母等から相続により取得していた住宅につい てこの適用を受ける場合
③	譲渡資産の登記事項証明書	法務局	所有期間が確認できるもの
④	譲渡資産の売買契約書の写し	―	売却代金が1億円以下であることを明らかにする もの
⑤	買換資産の登記事項証明書	法務局	取得の事実及び家屋の床面積がわかるもの（土 地等が含まれている場合にはその土地の面積を 明らかにするもの）
⑥	買換資産の売買契約書の写し	―	
⑦	買換資産の明細書	税務署	確定申告書の提出時に買換資産を取得していな い場合（⑤、⑥に代えて）

※確定申告書の提出時にまだ入居していない場合には、まだ入居していない旨及び入居予定日を記載した書類も
必要になります。また、買換資産が中古家屋で築年数要件を満たさない場合には、別途82頁の②記載の書類
が必要です。

❺ 居住用財産の譲渡損失の損益通算及び繰越控除

イ「居住用財産の買換え等による譲渡損失の損益通算・繰越控除」の適用を受ける場合
　　には、次頁の表のイ欄に掲げる資料（○印分）

ロ「特定居住用財産の譲渡損失の損益通算・繰越控除」の適用を受ける場合には、次頁
　　の表のロ欄に掲げる資料（○印分）

＜売却した年分＞

	書　　　類	イ	ロ	請求先	備　　　考
①	居住用財産の譲渡損失の金額の明細書	○	○	税務署	
②	居住用財産の譲渡損失の損益通算及び繰越控除の対象となる金額の計算書	○	○	税務署	
③	譲渡資産の登記事項証明書	○	○	法務局	所有期間が確認できるもの（イの場合は、土地等が含まれている場合にはその土地の面積を明らかにするもの）
④	譲渡資産に係る住宅借入金等の残高証明書	×	○	金融機関	譲渡契約締結日の前日のもの（買換資産を先行取得している場合には、譲渡契約締結月の6か月前の月の最初の日）
⑤	買換資産の登記事項証明書	○	×	法務局	取得の事実、購入年月日や家屋の床面積がわかるもの
⑥	買換資産の売買契約書の写し	○	×	－	
⑦	買換資産に係る住宅借入金等の残高証明書	○	×	金融機関	

＜売却した年の翌年以降＞

　売却した年の翌年以降も下記の書類を添付して確定申告書を提出することで、繰越損失の金額をその年の所得から控除することができます。

	書　　　類	イ	ロ	請求先	備　　　考
①	譲渡損失の繰越控除の計算に関する明細書	○	○	税務署	
②	買換資産に係る住宅借入金等の残高証明書	○	×	金融機関	12月31日時点のもの

❻ 住宅ローン控除

	書　　　類		請求先	備　　　考
①	住宅借入金等特別控除額の計算明細書		税務署	
②	住宅取得資金に係る借入金の年末残高等証明書		金融機関	
③	補助金等の額を証する書類		—	補助金等の交付を受けている場合に必要
④	住宅取得等資金の額を証する書類		—	住宅取得等資金の贈与を受けている場合に必要
⑤	新築購入の場合	家屋(土地)の登記事項証明書	法務局	新築又は取得年月日や取得価額、家屋の床面積がわかるもの
		家屋(土地)の請負契約書又は売買契約書の写し	—	
		・認定長期優良住宅又は認定低炭素住宅の場合には、建築等計画の認定通知書及び住宅用家屋証明書又は建築証明書 ・ZEH水準省エネ住宅又は省エネ基準適合住宅の場合には、住宅省エネルギー性能証明書又は建設住宅性能評価書	—	原本または写し
	中古家屋購入の場合	家屋(土地)の登記事項証明書	法務局	家屋の床面積がわかるもの
		家屋(土地)の売買契約書の写し	—	取得年月日や取得価額がわかるもの
		築年数要件を満たさない場合には一定の耐震基準を満たすことを証明する書類	—	左記の耐震基準を満たすことを証明する書類については82頁参照
	増改築の場合	家屋の登記事項証明書	法務局	増改築等の年月日や工事の費用、家屋の床面積がわかるもの
		工事請負契約書の写し	—	
		建築確認済証、検査済証、又は増改築等工事証明書	—	増改築等工事証明書は建築士等より交付を受けたもの

一口メモ

※ **バリアフリー改修の場合**には、上記書類のほか介護保険の被保険者証の写しなど、この特例の適用対象者であることを明らかにする書類の添付が必要となります。

※ **2年目以降**については、上記の②と税務署から送られてくる「給与所得者の住宅借入金等特別控除申告書」及び「年末調整のための住宅借入金等特別控除証明書（前年以前の年末調整の際に既に提出している場合は不要）」を勤務先に提出すれば年末調整で還付されます。

❼ 住宅耐震改修特別控除

	書　類	請求先	備　考
①	住宅耐震改修特別控除額の計算明細書	税務署	
②	家屋の登記事項証明書	法務局	家屋の建築時期がわかるもの
③	工事請負契約書の写し	―	改修工事の年月日や工事の費用がわかるもの
④	補助金等の額を証する書類	―	補助金等の交付を受けている場合に必要
⑤	増改築等工事証明書又は住宅耐震改修証明書	―	証明書の請求方法は2通りあります。 (イ)市による適用対象区域の家屋であることの証明＋建築士等（建築士、指定確認検査機関又は登録住宅性能評価機関）等の証明 (ロ)市によるすべての事項についての証明

※平成26年4月1日から令和3年12月31日までの間における耐震改修工事の場合には③④は不要

❽ バリアフリー改修工事等特別控除、省エネ改修工事等特別控除

	書　類	請求先	備　考
①	住宅特定改修特別税額控除額の計算明細書	税務署	
②	家屋の登記事項証明書	法務局	改修工事の年月日や工事の費用、家屋の床面積がわかるもの
③	工事請負契約書の写し	―	
④	補助金等の額を証する書類	―	補助金等の交付を受けている場合に必要
⑤	増改築等工事証明書	―	増改築等工事証明書は建築士等より交付を受けたもの

※バリアフリー改修の場合には、上記書類のほか介護保険の被保険者証の写しなど、この特例の適用対象者であることを明らかにする書類の添付が必要となります。
※平成26年4月1日から令和3年12月31日までの間に居住の用に供した場合には③は不要

❾ 認定住宅新築等特別税額控除

	書　類	請求先	備　考
①	認定住宅新築等特別税額控除額の計算明細書	税務署	
②	家屋の登記事項証明書	法務局	取得の事実、新築又は取得の年月日や費用の額、家屋の床面積、その対価等の額に消費税が含まれているか否かがわかるもの
③	工事請負契約書又は売買契約書の写し	―	
④	＜認定長期優良住宅の場合＞ ・長期優良住宅建築等計画の認定通知書の写し ・住宅用家屋証明書若しくはその写し又は認定長期優良住宅建築証明書	―	住宅用家屋証明書については、市町村等による交付受けたものであるが、認定長期優良住宅建築証明書は建築士又は検査機関等による交付を受けたもの

| ⑤ | ＜認定低炭素住宅の場合＞
・低炭素建築物新築等計画の認定通知書の写し
・住宅用家屋証明書若しくはその写し又は認定低炭素住宅建築証明書 | ― | |
| ⑥ | ＜特定エネルギー消費性能向上住宅の場合＞
住宅省エネルギー性能証明書又は建設住宅性能評価書の写し | ― | 住宅省エネルギー性能証明書は建築士等より、また、建設住宅性能評価書は登録住宅性能評価機関より交付を受けたもの |

⑩ 築年数要件を満たさない中古住宅につき特例の適用を受ける場合の添付書類（共通）

　中古住宅で築年数要件を満たさない場合には次に掲げる書類が必要になります。

① 購入する中古住宅が現行の耐震基準を満たす場合の添付書類

　次に掲げるいずれかの書類を添付します。

（イ）耐震基準適合証明書（※1）

　（※1）家屋の購入日前2年以内に証明のための調査が終了したものに限る。

（ロ）住宅性能評価書の写し（耐震等級1、2又は3に限ります）（※2）

　（※2）家屋の購入日前2年以内に評価されたものに限ります。

（ハ）住宅瑕疵担保責任法人が発行する証明書（※3）

　（※3）保険契約が購入日前2年以内に締結されたものに限ります。

② 購入する中古住宅が購入時点において築年数要件及び耐震基準を満たさない場合の添付書類

　次に掲げるいずれかの書類を添付します。

（イ）建築物の耐震改修の計画の認定申請書及び耐震基準適合証明書

（ロ）耐震基準適合証明申請書（家屋の引渡しまでに申請が困難な場合は、仮申請書）及び耐震基準適合証明書

（ハ）建設住宅性能評価申請書（耐震等級についての評価に限り、家屋の引渡までに申請が困難な場合は、仮申請書）及び建設住宅性能評価書（耐震等級が等級1、2又は3であるものに限る）

（ニ）既存住宅売買瑕疵担保責任保険契約の申込書及び既存住宅売買瑕疵保険付保証明書

Ⅳ 贈与税の申告の仕方

> 贈与税は、個人から１年間に110万円を超える財産をもらった人に
> 課税され、贈与税の申告納付をしなければなりません。また、住宅取得等
> 資金の贈与を受けた場合は、暦年課税の人と相続時精算課税を
> 選択している人とでは、課税の仕方が異なります。

（１）申告の時期

　贈与税も暦年ベースで課税されます。１月１日から12月31日までの１年間に贈与を受けたすべての資産について、翌年２月１日から３月15日（令和4年分の申告については、令和5年2月1日から3月15日）までの間に申告しなければなりません。ただし、１年間に贈与を受けた金額の合計額が110万円以下であれば申告する必要はありません。

（２）申告書の提出先と提出方法、納付方法について

　所得税の確定申告と同様です。（67頁参照）

（３）贈与税の申告書の必要資料＜共通資料＞

	書　　類	請求先	備　　考
①	贈与税の申告書	税務署	
②	贈与契約書の写しなど	－	贈与があったことを証明する書類として
③	番号確認書類及び身元確認書類	－	（イ）番号確認書類は、個人番号カード（※1）・通知カード・マイナンバーの記載がある住民票の写しなどのうちいずれか1つ （ロ）身元確認書類は、運転免許証・パスポート・公的医療保険の被保険者証・身体障害者手帳などのうちいずれか1つ
④	「特例税率」の適用を受ける場合 受贈者の戸籍の謄本若しくは抄本その他の書類	市役所区役所	下記（イ）及び（ロ）の内容を証する書類（贈与を受けた日以後に作成されたものに限る。） （イ）受贈者の氏名、生年月日 （ロ）受贈者が贈与者の直系卑属（子や孫など）に該当すること ※過去の年分において当該書類を提出している場合には、申告書の「過去の贈与税の申告状況」欄に提出年分及び税務署名を記入すれば不要です。

┌─ 一口メモ ──────────────────────────
│
│ **個人番号カードをお持ちの場合**
│
│ 個人番号カードのみで、番号確認と身元確認が可能であるため、身元確認書類は不要です。
│
└────────────────────────────────

（４）特例の適用を受ける場合の添付資料

贈与税の申告書の必要資料＜共通資料＞のほか、下記の資料を添付します。

❶ 通常の相続時精算課税

	書　　　　　類	請求先
①	相続時精算課税選択届出書	税務署
②	受贈者の戸籍の謄本若しくは抄本及び戸籍の附票の写しその他の書類で下記①及び②の内容を証する書類（贈与を受けた日以後に作成されたものに限る。） 　① 受贈者の氏名、生年月日 　② 受贈者が贈与者の推定相続人である子又は孫に該当すること ※受贈者が贈与者の孫である場合には、贈与者の子の戸籍の謄本又は抄本も必要	市役所 区役所

❷ 住宅取得等資金の相続時精算課税の特例

下記に掲げる**A**又は**B**の区分に応じて、添付資料が異なります。

A　住宅取得等資金の贈与を受けた人で、住宅用家屋の新築又は取得（既存住宅用家屋の取得を含む。）をする者

次に掲げる区分に応じ、下表の○を付した書類を申告書に添付します。

イ　住宅取得等資金の贈与を受けた年の翌年の３月15日までに住宅用家屋の新築又は取得をして居住した者

ロ　住宅取得等資金の贈与を受けた年の翌年の３月15日までに住宅用家屋の新築又は取得をしたが居住していない者

ハ　住宅取得等資金の贈与を受けた年の翌年の３月15日までに住宅用家屋の新築に係る工事が完了していない者

	イ	ロ	ハ	提出書類
①	○	○	○	相続時精算課税選択届出書
②	○	○	○	受贈者の戸籍の謄本若しくは抄本及び戸籍の附票の写しその他の書類で下記①及び②の内容を証する書類（贈与を受けた日以後に作成されたものに限る。） 　① 受贈者の氏名、生年月日 　② 受贈者が贈与者の推定相続人である子又は孫に該当すること ※受贈者が贈与者の孫である場合には、贈与者の子の戸籍の謄本又は抄本も必要
③	○	○	○	新築に係る工事の請負契約書の写しや売買契約書の写しなど、契約又は取得の相手方（家屋の敷地の用に供されることとなる又は供されている土地等の取得の相手方を含む)を明らかにする書類
④	○	○	○	住宅取得等資金の贈与を受けた日の属する年分のその贈与者に係る贈与税の課税価格及び贈与税の額その他の贈与税の額の計算に関する明細書（「申告書第二表（相続時精算課税の計算明細書）」に必要事項を記載する。）
⑤	○	○		新築又は取得をした住宅用家屋に関する登記事項証明書（取得した住宅用家屋が建築後使用されたことのある家屋で、登記事項証明書によって床面積が明らかでないときには、これを明らかにする書類も必要となる。） ※住宅取得等資金によりその住宅用家屋の新築又は取得とともにその敷地の用に供されている土地又は土地の上に存する権利を取得する場合には、その「土地又は土地の上に存する権利に関する登記事項証明書」も併せて提出する。
⑥		○		住宅用家屋の新築又は取得後直ちに居住の用に供することができない事情及び居住の用に供する予定時期を記載した書類
⑦		○		住宅用家屋を遅滞なく居住の用に供することを所轄税務署長に約する書類
⑧			○	住宅用家屋の新築の工事の請負契約書その他の書類でその家屋が住宅用家屋に該当することを明らかにするもの又はその写し
⑨			○	住宅用家屋の新築工事の状態が屋根（屋根の骨組みを含む。）を有し、土地に定着した建造物と認められる時以後の状態にあることを証するこの工事を請け負った建設業者等の書類で、この工事の完了予定年月日の記載があるもの
⑩			○	住宅用家屋を居住の用に供したときは遅滞なくその家屋に関する登記事項証明書を所轄税務署長に提出することを約する書類で、居住の用に供する予定時期の記載のあるもの ※住宅用家屋を居住の用に供したときには、遅滞なく登記事項証明書を提出する。

B　住宅取得等資金の贈与を受けた人で、住宅用の家屋の増改築等をする者

　次に掲げる区分に応じ、下表の○を付した書類を申告書に添付します。

イ　住宅取得等資金の贈与を受けた年の翌年の3月15日までに居住の用に供している家屋の増改築等をして居住した者

ロ　住宅取得等資金の贈与を受けた年の翌年の3月15日までに居住の用に供している家屋の増改築等をしたが、居住していない者

ハ　住宅取得等資金の贈与を受けた年の翌年の3月15日までに居住の用に供している家屋の増改築等が完了していない者

	イ	ロ	ハ	提出書類
①	○	○	○	相続時精算課税選択届出書
②	○	○	○	受贈者の戸籍の謄本若しくは抄本及び戸籍の附票の写しその他の書類で下記①及び②の内容を証する書類（贈与を受けた日以後に作成されたものに限る。） 　① 受贈者の氏名、生年月日 　② 受贈者が贈与者の推定相続人である子又は孫に該当すること ※受贈者が贈与者の孫である場合には、贈与者の子の戸籍の謄本又は抄本も必要
③	○	○	○	増改築に係る工事の請負契約書の写しや売買契約書の写しなど、契約又は取得の相手方(家屋の敷地の用に供されることとなる又は供されている土地等の取得の相手方を含む)を明らかにする書類
④	○	○	○	住宅取得等資金の贈与を受けた日の属する年分のその贈与者に係る贈与税の課税価格及び贈与税の額その他の贈与税の額の計算に関する明細書(「申告書第二表（相続時精算課税の計算明細書）」に必要事項を記載する。)
⑤	○	○		居住の用に供している家屋の増改築等に係る工事が、次に掲げるいずれかの工事に該当するものであることを証する書類 　① 増築、改築、大規模の修繕又は大規模の模様替 　　→確認済証の写し、検査済証の写し又は増改築等工事証明書 　② 修繕又は模様替で区分所有する部分（マンション等）について行う一定のもの 　　→増改築等工事証明書 　③ 修繕又は模様替で居室、調理室、浴室、便所等の一室の床又は壁の全部について行うもの 　　→増改築等工事証明書 　④ 修繕又は模様替で耐震基準又は省エネ等基準に適合させるためのもの 　　→増改築等工事証明書 　⑤ 修繕又は模様替で高齢者等が自立した日常生活を営むのに必要な構造及び設備の基準に適合させるためのもの 　　→増改築等工事証明 　⑥ 修繕又は模様替で家屋について行うエネルギーの使用の合理化に資するもの 　　→増改築等工事証明書 　⑦ 修繕又は模様替で給水管、排水管又は雨水の侵入を防止する部分に係るもの 　　→増改築等工事証明書及びリフォーム工事瑕疵担保責任保険契約が締結されていることを証する書類
⑥	○	○		増改築等をした家屋（増改築等家屋という。）に関する登記事項証明書 ただし、その登記事項証明書により、その増改築等家屋が次のいずれかに該当すること（その家屋の床面積の２分の1以上に相当する部分が専ら居住の用に供されるものに限る。）が明らかでない場合には、それを明らかにする書類又はその写しの提出が必要となる。

	イ	ロ	ハ	提出書類
				① 一棟の家屋で床面積が40㎡以上（令和2年12月31日までの贈与については、50㎡以上）であること ② 区分所有建物でその区分所有する部分の床面積が40㎡以上（令和2年12月31日までの贈与については、50㎡以上）であること ※住宅取得等資金によりその増改築等とともにその敷地の用に供されている土地又は土地の上に存する権利を取得する場合には、その「土地又は土地の上に存する権利に関する登記事項証明書」も併せて提出する。
⑦	○	○		増改築等家屋の増改築等に係る工事の請負契約書その他の書類で、その増改築等をした年月日並びにその増改築等に係る工事に要した費用の額及びその明細を明らかにするもの又はその写し
⑧		○		増改築等後直ちに居住の用に供することができない事情及び居住の用に供する予定時期を記載した書類
⑨		○		増改築等家屋を遅滞なく居住の用に供することを約する書類
⑩			○	増改築等をしている家屋が次に該当すること（その家屋の床面積の2分の1に相当する部分が専ら居住の用に供されるものに限る。）を明らかにする工事の請負契約書その他の書類又はその写し ① 一棟の家屋で床面積が40㎡以上（令和2年12月31日までの贈与については、50㎡以上）であること ② 区分所有建物でその区分所有する部分の床面積が40㎡以上（令和2年12月31日までの贈与については、50㎡以上）であること
⑪			○	増改築等をしている家屋の増改築等に係る工事の状態が、増築又は改築部分の屋根（屋根の骨組みを含む。）を有し、既存の家屋と一体となって土地に定着した建造物と認められる時以後の状態にあることを証するこの工事を請け負った建設業者等の書類で、この工事の完了予定年月日の記載があるもの
⑫			○	増改築等に係る工事が完了したときは遅滞なく上記⑤から⑦の書類を所轄税務署長に提出することを約する書類 ※増改築等に係る工事が完了したときは遅滞なく上記⑤から⑦の書類を提出する。

❸ 直系尊属から住宅取得等資金の贈与を受けた場合の非課税の特例

　下記に掲げるA又はBの区分に応じて、添付資料が異なります。**また、省エネ等住宅に該当する場合にはCの添付書類も必要となります。**

A　住宅取得等資金の贈与を受けた人で、住宅用家屋の新築又は取得（既存住宅用家屋の取得を含む。）をする者

　次に掲げる区分に応じ、下表の○を付した書類を申告書に添付します。

イ　住宅取得等資金の贈与を受けた年の翌年の3月15日までに住宅用家屋の新築又は取得をして居住した者

ロ　住宅取得等資金の贈与を受けた年の翌年の3月15日までに住宅用家屋の新築又は取得をしたが、居住していない者

ハ　住宅取得等資金の贈与を受けた年の翌年の３月15日までに住宅用家屋の新築に係
　る工事が完了していない者

	イ	ロ	ハ	提出書類
①	○	○	○	住宅取得等資金の贈与を受けた日の属する年分のその贈与者に係る贈与税の課税価格及び贈与税の額その他の贈与税の額の計算に関する明細書で住宅取得等資金の贈与をした者ごとに次に掲げる事項の記載があるもの ① 住宅取得等資金を贈与により取得した日 ② 住宅取得等資金の金額 ③ 住宅取得等資金のうち、この非課税制度の適用を受ける部分の金額 ④ 住宅取得等資金の贈与をした者との続柄
②	○	○	○	受贈者の戸籍の謄本その他の書類で下記①及び②の内容を証する書類 ① 受贈者の氏名、生年月日 ② 贈与者が受贈者の直系尊属に該当すること ※受贈者が贈与者の孫である場合には、贈与者の子の戸籍の謄本又は抄本も必要
③	○	○	○	受贈者の住宅取得等資金の贈与を受けた日の属する年分の所得税の合計所得金額を明らかにする書類（所得税の確定申告書を納税地の所轄税務署長に提出した受贈者にあっては、その旨を記載した書類）
④	○	○		新築又は取得をした住宅用家屋に関する登記事項証明書（取得した住宅用家屋が建築後使用されたことのある家屋で、登記事項証明書によって床面積が明らかでないときには、これを明らかにする書類も必要となる。） ※住宅取得等資金によりその住宅用家屋の新築又は取得とともにその敷地の用に供されている土地又は土地の上に存する権利を取得する場合には、その「土地又は土地の上に存する権利に関する登記事項証明書」も併せて提出する。
⑤	○	○	○	新築に係る工事の請負契約書の写しや売買契約書の写しなど、契約又は取得の相手方(家屋の敷地の用に供されることとなる又は供されている土地等の取得の相手方を含む)を明らかにする書類
⑥		○		住宅用家屋の新築又は取得後直ちに居住の用に供することができない事情及び居住の用に供する予定時期を記載した書類
⑦		○		住宅用家屋を遅滞なく居住の用に供することを所轄税務署長に約する書類
⑧			○	住宅用家屋の新築の工事の請負契約書その他の書類でその家屋が住宅用家屋に該当すること及びその床面積を明らかにするもの又はその写し
⑨			○	住宅用家屋の新築工事の状態が屋根（屋根の骨組みを含む。）を有し、土地に定着した造建物と認められる時以後の状態にあることを証するこの工事を請け負った建設業者等の書類で、この工事の完了予定年月日の記載があるもの
⑩			○	住宅用家屋を遅滞なく居住の用に供すること及び居住の用に供したときは遅滞なくその家屋に関する登記事項証明書を所轄税務署長に提出することを約する書類で、居住の用に供する予定時期の記載のあるもの ※住宅用家屋を居住の用に供したときには、遅滞なく登記事項証明書を提出する。

B　住宅取得等資金の贈与を受けた人で、住宅用の家屋の増改築等をする者

次に掲げる区分に応じ、下表の○を付した書類を申告書に添付します。

イ　住宅取得等資金の贈与を受けた年の翌年の3月15日までに居住の用に供している家屋
　の増改築等をして居住した者

ロ　住宅取得等資金の贈与を受けた年の翌年の3月15日までに居住の用に供している家
　屋の増改築等をしたが居住していない者

ハ　住宅取得等資金の贈与を受けた年の翌年の3月15日までに居住の用に供している家屋
　の増改築等が完了していない者

	イ	ロ	ハ	提出書類
①	○	○	○	住宅取得等資金の贈与を受けた日の属する年分のその贈与者に係る贈与税の課税価格及び贈与税の額その他の贈与税の額の計算に関する明細書で住宅取得等資金の贈与をした者ごとに次に掲げる事項の記載があるもの ① 住宅取得等資金を贈与により取得した日 ② 住宅取得等資金の金額 ③ 住宅取得等資金のうち、この非課税制度の適用を受ける部分の金額 ④ 住宅取得等資金の贈与をした者との続柄
②	○	○	○	受贈者の戸籍の謄本その他の書類で下記①及び②の内容を証する書類 ① 受贈者の氏名、生年月日 ② 贈与者が受贈者の直系尊属に該当すること ※受贈者が贈与者の孫である場合には、贈与者の子の戸籍の謄本又は抄本も必要
③	○	○	○	受贈者の住宅取得等資金の贈与を受けた日の属する年分の所得税の合計所得金額を明らかにする書類（所得税の確定申告書を納税地の所轄税務署長に提出した受贈者にあっては、その旨を記載した書類）
④	○	○	○	増改築に係る工事の請負契約書の写しや売買契約書の写しなど、契約又は取得の相手方（家屋の敷地の用に供されることとなる又は供されている土地等の取得の相手方を含む）を明らかにする書類
⑤	○	○		居住の用に供している家屋の増改築等に係る工事が、次に掲げるいずれかの工事に該当するものであることを証する書類 ① 増築、改築、大規模の修繕又は大規模の模様替 　→確認済証の写し、検査済証の写し又は増改築等工事証明書 ② 修繕又は模様替で区分所有する部分（マンション等）について行う一定のもの 　→増改築等工事証明書 ③ 修繕又は模様替で居室、調理室、浴室、便所等の一室の床又は壁の全部について行うもの 　→増改築等工事証明書 ④ 修繕又は模様替で耐震基準又は省エネ等基準に適合させるためのもの 　→増改築等工事証明書

	イ	ロ	ハ	提出書類
				⑤ 修繕又は模様替で高齢者等が自立した日常生活を営むのに必要な構造及び設備の基準に適合させるためのもの →増改築等工事証明 ⑥ 修繕又は模様替で家屋について行うエネルギーの使用の合理化に資するもの →増改築等工事証明書 ⑦ 修繕又は模様替で給水管、排水管又は雨水の侵入を防止する部分に係るもの →増改築等工事証明書及びリフォーム工事瑕疵担保責任保険契約が締結されていることを証する書類
⑥	○	○		増改築等をした家屋（増改築等家屋という。）に関する登記事項証明書 　ただし、その登記事項証明書により、その増改築等家屋が次のいずれかに該当すること（その家屋の床面積の2分の1以上に相当する部分が専ら居住の用に供されるものに限る）が明らかでない場合には、それを明らかにする書類又はその写しの提出が必要となる。 　① 一棟の家屋で床面積が40㎡以上（令和2年12月31日までの贈与については、50㎡以上）240㎡以下であること 　② 区分所有建物でその区分所有する部分の床面積が40㎡以上（令和2年12月31日までの贈与については、50㎡以上）240㎡以下であること ※住宅取得等資金によりその増改築等とともにその敷地の用に供されている土地又は土地の上に存する権利を取得する場合には、その「土地又は土地の上に存する権利に関する登記事項証明書」も併せて提出する。
⑦	○	○		増改築等家屋の増改築等に係る工事の請負契約書その他の書類で、その増改築等をした年月日並びにその増改築等に係る工事に要した費用の額及びその明細を明らかにするもの又はその写し
⑧		○		増改築等後直ちに居住の用に供することができない事情及び居住の用に供する予定時期を記載した書類
⑨		○		増改築等家屋を遅滞なく居住の用に供すること及び居住の用に供したときは遅滞なく居住の用に供することを約する書類
⑩			○	増改築等をしている家屋が次に該当すること（その家屋の床面積の2分の1に相当する部分が専ら居住の用に供されるものに限る）を明らかにする工事の請負契約書その他の書類又はその写し 　① 一棟の家屋で床面積が40㎡以上（令和2年12月31日までの贈与については、50㎡以上）240㎡以下であること 　② 区分所有建物でその区分所有する部分の床面積が40㎡以上（令和2年12月31日までの贈与については、50㎡以上）240㎡以下であること
⑪			○	増改築等をしている家屋の増改築等に係る工事の状態が、増築又は改築部分の屋根（屋根の骨組みを含む）を有し、既存の家屋と一体となって土地に定着した建造物と認められる時以後の状態にあることを証するこの工事を請け負った建設業者等の書類で、この工事の完了予定年月日の記載があるもの
⑫			○	増改築等に係る工事が完了したとき（増改築等家屋を居住の用に供した時が工事完了の時後となる場合には、居住の用に供したとき）は遅滞なく上記⑤から⑦の書類を所轄税務署長に提出することを約する書類 ※増改築等に係る工事が完了したときは遅滞なく上記⑤から⑦の書類を提出する。

C　省エネ等住宅に該当する場合

　省エネ等住宅に該当し、1,000万円※の非課税枠（令和4年中に住宅取得等資金の贈与を受けた場合）を利用される方は、**A**又は**B**の区分に応じた添付書類に併せて、次のいずれかの書類の提出が必要となります。

※東日本大震災の被災者の非課税枠は、1,500万円。

証明書などの種類	証明対象の家屋
住宅性能証明書	① 新築をした住宅用の家屋 ② 建築後使用されたことのない住宅用の家屋 ③ 建築後使用されたことのある住宅用の家屋（注1） ④ 増改築等をした住宅用の家屋（注2）
建築住宅性能評価書の写し	
長期優良住宅認定通知書等の写し及び住宅用家屋証明書（その写し）又は認定長期優良住宅建築証明書	① 新築をした住宅用の家屋 ② 建築後使用されたことのない住宅用の家屋
低炭素建築物新築等計画認定通知書等の写し及び住宅家屋証明書（その写し）又は認定低炭素住宅建築証明書	

（注1）建築後使用されたことのある住宅用の家屋の場合は、その取得の日前2年以内又は取得の日以降にその証明のための家屋の調査が終了した又は評価されたものに限ります。

（注2）住宅用の家屋の増改築等をした場合に、省エネ等基準に適合させるための工事であることについての証明がされた「増改築等工事証明書」を「住宅性能証明書」又は「建築住宅性能評価書の写し」に代えることができます。

❹ 贈与税の配偶者控除

	書　類	請求先	備　考
①	受贈者の戸籍の謄本又は抄本及び戸籍の附票の写し	市役所 区役所	贈与を受けた日から10日を経過した日以後に作成されたもの
⑤	所有権移転登記後の登記事項証明書や贈与契約書など、受贈者が居住用不動産を取得したことを証するもの	法務局	登記事項証明書の請求先は法務局 贈与契約書は自身で作成したものなど

事例でわかる

所得税・贈与税の賢い申告の仕方

　住宅ローンや住宅取得資金の援助を受けてマイホームを新築・購入・増改築したり売却をすると、所得税や贈与税の申告が必要になります。しかしながら、こんな経験は、生涯に数回も経験できれば多い方でしょう。そのため、所得税の確定申告書や贈与税の申告書を書くことに戸惑うことも多いと思われます。

　そこで、申告時期に相談事例の多い事案を中心に、具体的な事例にそって、申告書の書き方をご紹介しておきます。

1. 事例別 『所得税の確定申告書』 の書き方

事例1 「特定の居住用財産の買換え特例」の適用を受ける場合

　「特定の居住用財産の買換え特例」の適用を受ける場合の所得税の確定申告書の記入の仕方は、以下のとおりです。

（1）申告書作成の前提条件

　FP太郎さんの令和4年分の所得税の確定申告書作成のための【前提条件】は、次のとおりです。

●前提条件●

【譲渡資産の金額】

項目	金額・年月日
譲渡価額	80,000,000円
土地取得価額	28,000,000円
家屋取得価額	24,000,000円
家屋償却費相当額	6,480,000円
譲渡経費	960,000円
取得年月日	平成22年11月5日
譲渡契約日	令和4年10月28日
引渡年月日	令和4年11月5日

【買換資産の金額】

項目	金額・年月日
土地取得価額	30,000,000円
家屋取得価額	25,000,000円
取得年月日	令和4年10月25日
借入金令和4年末の残高	20,000,000円

【給与所得の金額】

項目	金　額
額面給与	10,945,000円
給与所得控除額	1,950,000円
合計所得金額	8,995,000円
源泉徴収税額	1,350,900円

（2）申告書の記入の仕方

　FP太郎さんが「特定の居住用財産の買換え特例」の適用を受けるために作成する所得税の確定申告書は。次頁以下のように記入します。

　コメント　事例1 に関する特例の解説は、20頁をご覧ください。

令和 5 年 2 月 16 日　○○税務署長

令和 **04** 年分の 所得税及び復興特別所得税 の 確定 申告書

FA2202

第一表（令和四年分以降用）

| 納税地 | 〒 000 - 0000 | 個人番号（マイナンバー） | ○○○○○○○○○○○ | 生年月日 3 4 2 . 1 1 . 3 0 |

現在の住所又は居所事業所等：大阪府大阪市中央区●●町○丁目△番□号

フリガナ　エフピー　タロウ
氏名　FP　太郎

令和 5 年 1 月 1 日の住所：同上

職業　／　屋号・雅号　／　世帯主の氏名　／　世帯主との続柄

振替継続希望　／　種類 青色 分離 国出 損失 修正　／　特農の表示 特農　／　整理番号

電話番号 自宅・勤務先・携帯　00 - 0000 - 0000

（単位は円）

収入金額等				
事業	営業等	区分	㋐	
	農業	区分	㋑	
不動産		区分1 区分2	㋒	
配当			㋓	
給与		区分	㋔	1 0 9 4 5 0 0 0
雑	公的年金等		㋕	
	業務	区分	㋖	
	その他	区分	㋗	
総合譲渡	短期		㋘	
	長期		㋙	
一時			㋚	

所得金額等				
事業	営業等	①		
	農業	②		
不動産		③		
利子		④		
配当		⑤		
給与	区分	⑥		8 9 9 5 0 0 0
公的年金等		⑦		
雑	業務	⑧		
	その他	⑨		
⑦から⑨までの計		⑩		
総合譲渡・一時 ㋘+｛(㋙+㋚)×½｝		⑪		
合計 (⑩から⑥までの計+⑩+⑪)		⑫		8 9 9 5 0 0 0

所得から差し引かれる金額			
社会保険料控除	⑬		
小規模企業共済等掛金控除	⑭		
生命保険料控除	⑮		
地震保険料控除	⑯		
寡婦、ひとり親控除	区分	⑰~⑱	0 0 0 0
勤労学生、障害者控除		⑲~⑳	0 0 0 0
配偶者（特別控除）	区分1 区分2	㉑~㉒	0 0 0 0
扶養控除	区分	㉓	0 0 0 0
基礎控除		㉔	4 8 0 0 0 0
⑬から㉔までの計		㉕	4 8 0 0 0 0
雑損控除		㉖	
医療費控除	区分	㉗	
寄附金控除		㉘	
合計 (㉕+㉖+㉗+㉘)		㉙	4 8 0 0 0 0

税金の計算				
課税される所得金額 (⑫-㉙) 又は第三表		㉚		0 0 0
上の㉚に対する税額 又は第三表の㊳		㉛		2 8 9 3 7 0 0
配当控除		㉜		
	区分	㉝		
（特定増改築等）住宅借入金等特別控除	区分	㉞		0 0
政党等寄附金等特別控除		㉟~㊲		
住宅耐震改修特別控除等	区分	㊳~㊵		
差引所得税額 (㉛-㉜-㉝-㉞-㉟-㊱-㊲-㊳-㊵)		㊶		2 8 9 3 7 0 0
災害減免額		㊷		
再差引所得税額（基準所得税額） (㊶-㊷)		㊸		2 8 9 3 7 0 0
復興特別所得税額 (㊸×2.1%)		㊹		6 0 7 6 7
所得税及び復興特別所得税の額 (㊸+㊹)		㊺		2 9 5 4 4 6 7
外国税額控除等	区分	㊻~㊼		
源泉徴収税額		㊽		1 3 5 0 9 0 0
申告納税額 (㊺-㊻-㊼-㊽)		㊾		1 6 0 3 5 0 0
予定納税額（第1期分・第2期分）		㊿		
第3期分の税額 (㊾-㊿)	納める税金	51		1 6 0 3 5 0 0
	還付される税金	52	△	

44・45・49・51又は52の記入をお忘れなく。

修正申告			
修正前の第3期分の税額（還付の場合は頭に△を記載）	53		
第3期分の税額の増加額	54		0 0

その他			
公的年金等以外の合計所得金額	55		
配偶者の合計所得金額	56		
専従者給与（控除）額の合計額	57		
青色申告特別控除額	58		
雑所得・一時所得等の源泉徴収税額の合計額	59		
未納付の源泉徴収税額	60		
本年分で差し引く繰越損失額	61		
平均課税対象金額	62		
変動・臨時所得金額	区分	63	

延納の届出			
申告期限までに納付する金額	64		0 0
延納届出額	65		0 0 0

還付される税金の受取場所	
銀行・金庫・組合・農協・漁協　本店・支店・出張所・本所・支所	
郵便局名等	
預金種類：普通・当座・納税準備・貯蓄	
口座番号記号番号	
公金受取口座登録の同意　公金受取口座の利用	

整理欄：区分 A B C D E F G H I J K　異動　L

整理欄：管理　名簿

整理欄：補完　確認

（右欄外）納管　事業　住民　資産　総合　分離　検算　通信日付印　年月日　一連番号

令和 [0 4] 年分の 所得税及び 復興特別所得税 の確定申告書

整理番号 [ ][ ][ ][ ][ ][ ][ ]   FA2302

住所 000-0000
大阪府大阪市中央区●●町○丁目△番□号
屋号
フリガナ エフピー タロウ
氏名 FP 太郎

○ 所得の内訳（所得税及び復興特別所得税の源泉徴収税額）

所得の種類	種目	給与などの支払者の「名称」及び「法人番号又は所在地」等	収入金額	源泉徴収税額
給与	給与	FP株式会社	10,945,000 円	1,350,900 円
		㊽ 源泉徴収税額の合計額		1,350,900 円

○ 総合課税の譲渡所得、一時所得に関する事項（⑪）

所得の種類	収入金額	必要経費等	差引金額
	円	円	円

特例適用条文等	

○ 配偶者や親族に関する事項（⑳～㉓）

氏名	個人番号	続柄	生年月日	障害者	国外居住	住民税	その他
		配偶者	明・大 昭・平 ・ ・	障 特障	国外 年調	同一 別居	調整
			明・大 昭・平・令 ・ ・	障 特障	国外 年調	(16) 別居	調整
			明・大 昭・平・令 ・ ・	障 特障	国外 年調	(16) 別居	調整
			明・大 昭・平・令 ・ ・	障 特障	国外 年調	(16) 別居	調整
			明・大 昭・平・令 ・ ・	障 特障	国外 年調	(16) 別居	調整

○ 事業専従者に関する事項（�57）

事業専従者の氏名	個人番号	続柄	生年月日	従事月数・程度・仕事の内容	専従者給与（控除）額
			明・大 昭・平 ・ ・		
			明・大 昭・平 ・ ・		

○ 住民税・事業税に関する事項

住民税	非上場株式の少額配当等	非居住者の特例	配当割額控除額	株式等譲渡所得割額控除額	特定配当等・特定株式等譲渡所得の全部の申告不要	給与、公的年金等以外の所得に係る住民税の徴収方法		都道府県、市区町村への寄附（特例控除対象）	共同募金、日赤その他の寄附	都道府県条例指定寄附	市区町村条例指定寄附
						特別徴収	自分で納付				
	円	円	円	円				円	円	円	円

退職所得のある配偶者・親族の氏名	個人番号	続柄	生年月日	退職所得を除く所得金額	障害者	その他	寡婦・ひとり親
			明・大 昭・平 ・ ・	円	障 特障 調整		寡婦 ひとり親

事業税	非課税所得など	番号		所得金額	円	損益通算の特例適用前の不動産所得		円	前年中の開（廃）業	開始・廃止 月 日
	不動産所得から差し引いた青色申告特別控除額			円		事業用資産の譲渡損失など			他都道府県の事務所等	

上記の配偶者・親族・事業専従者のうち別居の者の氏名・住所	氏名	住所	国外	所得税で控除対象配偶者などとした専従者	氏名	給与	一連番号

整理欄	申告等区分	申告等年月日	年 月 日	所得種類		税理士法書面提出 30条 33条の2	○ ○
	特例適用条文	法	条 の 項 号	申告期限			

税理士署名・電話番号
（ － － ）

第二表（令和四年分以降用） ○第二表は、第一表と一緒に提出してください。 ○国民年金保険料や生命保険料の支払証明書など申告書に添付しなければならない書類は添付書類台紙などに貼ってください。

⑬⑭ 社会保険料控除 小規模企業共済等掛金控除	保険料等の種類	支払保険料等の計	うち年末調整等以外
		円	円

⑮ 生命保険料控除	新生命保険料		円	円
	旧生命保険料			
	新個人年金保険料			
	旧個人年金保険料			
	介護医療保険料			

⑯ 地震保険料控除	地震保険料		円	円
	旧長期損害保険料			

本人に関する事項（⑰～⑳）	寡婦		ひとり親	勤労学生	障害者	特別障害者
	□死別 □離婚	□生死不明 □未帰還		□年調以外かつ専修学校等		

○ 雑損控除に関する事項（㉖）

損害の原因	損害年月日	損害を受けた資産の種類など
	・ ・	

損害金額	円	保険金などで補塡される金額	円	差引損失額のうち災害関連支出の金額	円

○ 寄附金控除に関する事項（㉘）

寄附先の名称等		寄附金	円

令和 [04] 年分の 所得税及び／復興特別所得税 の 確定 申告書 （分離課税用）

FA2401

第三表（令和四年分以降用）

〇第三表は、申告書の第一表・第二表と一緒に提出してください。

住所／屋号　000-0000　大阪府大阪市中央区●●町〇丁目△番□号

フリガナ　エフピー タロウ
氏名　FP 太郎

整理番号 ＿＿＿＿＿＿＿　一連番号 ＿＿＿＿

特 例 適 用 条 文

法	条	項	号
所法 〇 措法 震法	36 条の 2 の	項	号
所法 措法 震法	条の の	項	号
所法 措法 震法	条の の	項	号

（単位は円）

収入金額 ／ 分離課税

			金額
短期譲渡	一般分	㋛	
	軽減分	㋜	
長期譲渡	一般分	㋝	25 000 000
	特定分	㋞	
	軽課分	㋠	
一般株式等の譲渡		㋡	
上場株式等の譲渡		㋣	
上場株式等の配当等		㋤	
先物取引		㋦	
山林		㋨	
退職		㊁	

分離課税所得金額

			金額
短期譲渡	一般分	66	
	軽減分	67	
長期譲渡	一般分	68	10 475 000
	特定分	69	
	軽課分	70	
一般株式等の譲渡		71	
上場株式等の譲渡		72	
上場株式等の配当等		73	
先物取引		74	
山林		75	
退職		76	

税金の計算 ／ 課税される所得金額

			金額
総合課税の合計額（申告書第一表の⑫）	⑫		8 995 000
所得から差し引かれる金額（申告書第一表の㉙）	㉙		4 800 000
⑫	対応分	77	8 515 000
66 67	対応分	78	000
68 69 70	対応分	79	10 475 000
71 72	対応分	80	000
73	対応分	81	000
74	対応分	82	000
75	対応分	83	000
76	対応分	84	000

税金の計算 ／ 税金の計算

			金額
77	対応分	85	1 322 450
78	対応分	86	
79	対応分	87	1 571 250
80	対応分	88	
81	対応分	89	
82	対応分	90	
83	対応分	91	
84	対応分	92	
85から92までの合計（申告書第一表の㉛に転記）		93	2 893 700

その他

			金額
株式等	本年分の71、72から差し引く繰越損失額	94	
	翌年以後に繰り越される損失の金額	95	
配当等	本年分の73から差し引く繰越損失額	96	
先物取引	本年分の74から差し引く繰越損失額	97	
	翌年以後に繰り越される損失の金額	98	

〇 分離課税の短期・長期譲渡所得に関する事項

区分	所得の生ずる場所	必要経費	差引金額（収入金額－必要経費）	特別控除額
長期一般	譲渡所得の内訳書のとおり	14,525,000 円	10,475,000 円	円
差引金額の合計額	99		10,475,000	
特別控除額の合計額	100			

〇 上場株式等の譲渡所得等に関する事項

上場株式等の譲渡所得等の源泉徴収税額の合計額	101	

〇 退職所得に関する事項

区分	収入金額	退職所得控除額
一般	円	円
短期		
特定役員		

整理欄	A	B	C	申告等年月日	
	D	E	F	通算	
	取得期限			特例期間	
	資産	入力	申告区分		

譲 渡 所 得 の 内 訳 書

(確定申告書付表兼計算明細書)【土地・建物用】

【令和 4 年分】

名簿番号

提出 1 枚のうちの 1

　この内訳書は、土地や建物の譲渡（売却）による譲渡所得金額の計算用として使用するものです。「譲渡所得の申告のしかた」（国税庁ホームページ【https://www.nta.go.jp】からダウンロードできます。税務署にも用意してあります。）を参考に、契約書や領収書などに基づいて記載してください。

　なお、国税庁ホームページでは、画面の案内に従って収入金額などの必要項目を入力することにより、この内訳書や確定申告書などを作成することができます。

あなたの

現住所 (前住所)	大阪府大阪市中央区●●町○丁目△番□号 ( )	フリガナ	エフピー タロウ
		氏 名	FP 太郎
電話番号 (連絡先)	00-0000-0000	職 業	会社員

※ 譲渡（売却）した年の1月1日以後に転居された方は、前住所も記載してください。

関 与 税 理 士 名
（電話　　　　　　）

----- 記 載 上 の 注 意 事 項 -----

○　この内訳書は、一の契約ごとに1枚ずつ使用して記載し、「確定申告書」とともに提出してください。

　　また、譲渡所得の特例の適用を受けるために必要な書類（※）などは、この内訳書に添付して提出してください。

　※　譲渡所得の特例の適用を受けるために必要な書類のうち、登記事項証明書については、その登記事項証明書に代えて「譲渡所得の特例の適用を受ける場合の不動産に係る不動産番号等の明細書」等を提出することもできます。

○　長期譲渡所得又は短期譲渡所得のそれぞれごとで、二つ以上の契約がある場合には、いずれか1枚の内訳書の譲渡所得金額の計算欄（3面の「4」各欄の上段）に、その合計額を二段書きで記載してください。

○　譲渡所得の計算に当たっては、適用を受ける特例により、記載する項目が異なります。

● 交換・買換え（代替）の特例、被相続人の居住用財産に係る譲渡所得の特別控除の特例の適用を受けない場合
　　　　……1面・2面・3面

● 交換・買換え（代替）の特例の適用を受ける場合
　　　　……1面・2面・3面（「4」を除く）・4面

● 被相続人の居住用財産に係る譲渡所得の特別控除の特例の適用を受ける場合
　　　　……1面・2面・3面・5面
　　　　（また、下記の 5面 に○を付してください。）

○　土地建物等の譲渡による譲渡損失の金額については、一定の居住用財産の譲渡損失の金額を除き、他の所得と損益通算することはできません。

○　非業務用建物（居住用）の償却率は次のとおりです。

区 分	木 造	木 骨 モルタル	(鉄骨)鉄筋 コンクリート	金属造①	金属造②
償却率	0.031	0.034	0.015	0.036	0.025

（注）「金属造①」……軽量鉄骨造のうち骨格材の肉厚が3mm以下の建物
　　　「金属造②」……軽量鉄骨造のうち骨格材の肉厚が3mm超4mm以下の建物

5面

2 面		名簿番号	

1 譲渡（売却）された土地・建物について記載してください。

(1) どこの土地・建物を譲渡（売却）されましたか。

所在地	所在地番	
	大阪府大阪市中央区本町○丁目×番□	
	（住居表示）	

(2) どのような土地・建物をいつ譲渡（売却）されましたか。

土地	☑ 宅地　□ 田 □ 山林　□ 畑 □ 雑種地　□ 借地権 □ その他（　　　）	（実測）　㎡ 120 （公簿等）　㎡ 120	利用状況	売買契約日
			☑ 自己の居住用 　（居住期間 　　平22年 11月～ 令4年 10月）	令和4年 10月 28日
建物	☑ 居宅　□ マンション □ 店舗　□ 事務所 □ その他 （　　　　　）	㎡ 150	□ 自己の事業用 □ 貸付用 □ 未利用 □ その他（　　　）	引き渡した日 令和4年 11月 5日

○ 次の欄は、譲渡（売却）された土地・建物が共有の場合に記載してください。

あなたの持分		共有者の住所・氏名	共有者の持分	
土地	建物		土地	建物
		（住所）　　　　　　　（氏名）		
		（住所）　　　　　　　（氏名）		

(3) どなたに譲渡（売却）されましたか。　　　　(4) いくらで譲渡（売却）されましたか。

買主	住所 （所在地）	大阪府大阪市北区角田町○丁目△番□	
	氏名 （名称）	○○不動産	職業 （業種）　不動産仲介業

① 譲渡価額
円 80,000,000

【参考事項】

代金の 受領状況	1回目 令 4年10月28日 8,000,000円	2回目 令 4年11月5日 72,000,000円	3回目 年 月 日 円	未収金 年 月 日(予定) 円

お売りになった 理由	□ 買主から頼まれたため ☑ 他の資産を購入するため □ 事業資金を捻出するため	□ 借入金を返済するため □ その他 （　　　　　　　）

「相続税の取得費加算の特例」や「保証債務の特例」の適用を受ける場合などの記載方法

○ 「相続税の取得費加算の特例」の適用を受けるときは、「相続財産の取得費に加算される相続税の計算明細書」（※）で計算した金額を3面の「2」の「②取得費」欄の上段に「相×××円」と二段書きで記載してください。
○ 「保証債務の特例」の適用を受けるときは、「保証債務の履行のための資産の譲渡に関する計算明細書（確定申告書付表）」（※）で計算した金額を3面の「4」の「B必要経費」欄の上段に「保×××円」と二段書きで記載してください。
○ 4面を記載される方で、「相続税の取得費加算の特例」や「保証債務の特例」の適用を受ける場合には、税務署に記載方法をご確認ください。
○ 配偶者居住権の目的となっている建物又はその敷地の譲渡など一定の場合は、「配偶者居住権に関する譲渡所得に係る取得費の金額の計算明細書〈確定申告書付表〉」（※）で計算した金額を3面の「2」の「②取得費」欄に転記してください。
※ これらの様式は、国税庁ホームページ【https://www.nta.go.jp】からダウンロードできます。なお、税務署にも用意してあります。

3　面

2　譲渡（売却）された土地・建物の購入（建築）代金などについて記載してください。

(1) 譲渡（売却）された土地・建物は、どなたから、いつ、いくらで購入（建築）されましたか。

購入建築 価額の内訳	購入（建築）先・支払先 住　所（所在地）	氏　名（名　称）	購入建築年月日	購入・建築代金 又は譲渡価額の5%
土　地	大阪府大阪市西区阿波座○丁目△番□	○○興産	平成 22・11・5	28,000,000円
			・・	円
			・・	円
		小　計	（イ）	28,000,000円
建　物	大阪府大阪市西区阿波座○丁目△番□	○○興産	平成 22・11・5	24,000,000円
			・・	円
			・・	円
建物の構造　□木造　□木骨モルタル　□（鉄骨）鉄筋　☑金属造　□その他		小　計	（ロ）	24,000,000円

※　土地や建物の取得の際に支払った仲介手数料や非業務用資産に係る登記費用などが含まれます。

(2) 建物の償却費相当額を計算します。

建物の購入・建築価額（ロ）□標準	償却率	経過年数	償却費相当額（ハ）
24,000,000円 ×0.9×	0.025 ×	12 ＝	6,480,000円

(3) 取得費を計算します。

② 取得費	（イ）＋（ロ）－（ハ）　円 45,520,000

※　「譲渡所得の申告のしかた」を参照してください。なお、建物の標準的な建築価額による建物の取得価額の計算をしたものは、「□標準」に☑してください。
※　非業務用建物（居住用）の（ハ）の額は、（ロ）の価額の95%を限度とします（償却率は1面をご覧ください。）。

3　譲渡（売却）するために支払った費用について記載してください。

費用の種類	支　払　先 住　所（所在地）	氏　名（名　称）	支払年月日	支　払　金　額
仲介手数料	大阪府大阪市北区角田町○丁目△番□	○○不動産	令和 4・11・5	960,000円
収入印紙代			・・	円
			・・	円
			・・	円
※　修繕費、固定資産税などは譲渡費用にはなりません。				円
			③ 譲渡費用	960,000

4　譲渡所得金額の計算をします。

区分	特例適用条文	A 収入金額（①）	B 必要経費（②＋③）	C 差引金額（A－B）	D 特別控除額	E 譲渡所得金額（C－D）
短期・長期	所・措・震条の___	円	円	円	円	円
短期・長期	所・措・震条の___	円	円	円	円	円
短期・長期	所・措・震条の___	円	円	円	円	円

※　ここで計算した内容（交換・買換え（代替）の特例の適用を受ける場合は、4面の「6」で計算した内容）を「申告書第三表（分離課税用）」に転記します。

整理欄

4 面

> **「交換・買換え（代替）の特例の適用を受ける場合の譲渡所得の計算」**
> この面（4面）は、交換・買換え（代替）の特例の適用を受ける場合（※）にのみ記載します。

※　交換・買換え（代替）の特例の適用を受けた場合、交換・買換え（代替）資産として取得された（される）資産を将来譲渡したときの取得費やその資産が業務用資産であるときの減価償却費の額の計算は、その資産の実際の取得価額ではなく、譲渡（売却）された資産から引き継がれた取得価額を基に一定の計算をすることになりますので、ご注意ください。

5　交換・買換（代替）資産として取得された（される）資産について記載してください。

物件の所在地	種類	面積	用途	契約（予定）年月日	取得（予定）年月日	使用開始（予定）年月日
大阪府大阪市中央区●●町〇丁目△番□号	宅地	㎡ 120	居住用	令和 4 ・10・ 5	令和 4 ・10・20	令和 4 ・10・25
大阪府大阪市中央区●●町〇丁目△番□号	建物	㎡ 250	居住用	令和 4 ・10・ 5	令和 4 ・10・20	令和 4 ・10・25

※　「種類」欄は、宅地・田・畑・建物などと、「用途」欄は、貸付用・居住用・事務所などと記載してください。

取得された（される）資産の購入代金など（取得価額）について記載してください。

費用の内容	支払先住所（所在地）及び氏名（名称）	支払年月日	支払金額
土　　地	大阪府大阪市北区角田町〇丁目×番□〇〇不動産	令和 4 ・10・20	30,000,000円
		・ ・	円
		・ ・	円
建　　物	大阪府大阪市北区角田町〇丁目×番□〇〇不動産	令和 4 ・10・20	25,000,000円
		・ ・	円
		・ ・	円
④ 買換（代替）資産・交換取得資産の取得価額の合計額			55,000,000円

※　買換（代替）資産の取得の際に支払った仲介手数料や非業務用資産に係る登記費用などが含まれます。
※　買換（代替）資産をこれから取得される見込みのときは、「買換（代替）資産の明細書」（国税庁ホームページ【https://www.nta.go.jp】からダウンロードできます。なお、税務署にも用意してあります。）を提出し、その見込額を記載してください。

6　譲渡所得金額の計算をします。

「2面」・「3面」で計算した「①譲渡価額」、「②取得費」、「③譲渡費用」と上記「5」で計算した「④買換（代替）資産・交換取得資産の取得価額の合計額」により、譲渡所得金額の計算をします。

(1) (2)以外の交換・買換え（代替）の場合[交換(所法58)・収用代替(措法33)・居住用買換え(措法36の2)・震災買換え(震法12)など]

区　分		F　収　入　金　額	G　必　要　経　費	H　譲渡所得金額（F－G）
収用代替	特例適用条　　文	①－③－④	$② \times \dfrac{F}{①－③}$	
上記以外		①－④	$(②＋③) \times \dfrac{F}{①}$	
短　期 ⟨長　期⟩	所・㊢・震 36の2 条	25,000,000 円	14,525,000 円	10,475,000 円

(2) 特定の事業用資産の買換え・交換(措法37・37の4)などの場合

区　分		J　収　入　金　額	K　必　要　経　費	L　譲渡所得金額（J－K）
①≦④	特例適用条　　文	①×20%(※)	(②＋③)×20%(※)	
①＞④		$(①－④)＋④ \times 20\%^{(※)}$	$(②＋③) \times \dfrac{J}{①}$	
短　期・長　期	措法 条 の	円	円	円

※　上記算式の20%は、一定の場合は25%又は30%となります。

事例2　「居住用財産の買換えによる譲渡所得の損益通算及び繰越控除」の適用を受ける場合

「居住用財産の買換えによる譲渡所得の損益通算及び繰越控除」の適用を受ける場合の所得税の確定申告書の記入の仕方は、以下のとおりです。

（1）申告書作成の前提条件

FP太郎さんの令和4年分の所得税の確定申告書作成のための【前提条件】は、次のとおりです。

●前提条件●

FP太郎さんの特定の居住用財産の買換えに係る各種金額は、下記のとおりです。

【譲渡資産の金額】

項目	金額・年月日
譲渡価額	30,000,000円
土地取得価額	28,000,000円
家屋取得価額	24,000,000円
家屋償却費相当額	4,320,000円
譲渡経費	960,000円
取得年月日	平成26年11月5日
譲渡契約日	令和4年10月28日
引渡年月日	令和4年11月5日

【買換資産の金額】

項目	金額・年月日
土地取得価額	30,000,000円
家屋取得価額	25,000,000円
取得年月日	令和4年10月25日
借入金令和4年末の残高	20,000,000円

【給与所得の金額】

項目	金額・年月日
額面給与	10,945,000円
給与所得控除額	1,950,000円
合計所得金額	8,995,000円
源泉徴収税額	1,350,900円

（2）申告書の記入の仕方

　FP太郎さんが「居住用財産の買換えによる譲渡所得の損益通算及び繰越控除」の適用を受けるために作成する所得税の確定申告書は、次頁以下のように記入します。

!　コメント　事例2 に関する解説は、22頁をご覧ください。

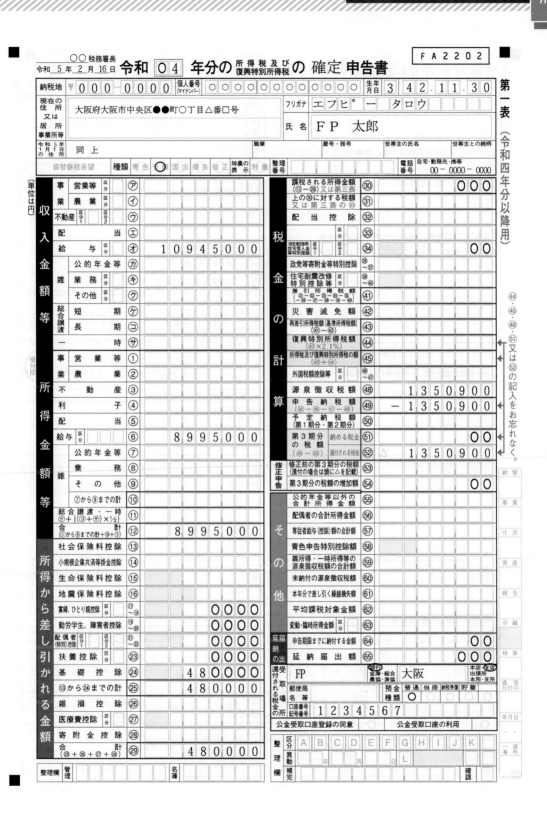

FA2202

〇〇 税務署長
令和 5 年 2 月 16 日

令和 04 年分の 所得税及び復興特別所得税 の 確定 申告書

第一表（令和四年分以降用）

納税地	〒000-0000
個人番号（マイナンバー）	○○○○○○○○○○○○
生年月日	3 42.11.30
現在の住所又は居所事業所等	大阪府大阪市中央区●●町〇丁目△番口号
フリガナ	エフピー タロウ
氏名	FP 太郎
令和5年1月1日の住所	同上
職業	
屋号・雅号	
世帯主の氏名	
世帯主との続柄	
振替継続希望	
種類	青色 ○分離 国出 損失 修正
特農の表示	特農
整理番号	
電話番号 自宅・勤務先・携帯	00－0000－0000

（単位は円）

区分	項目	番号	金額
収入金額等	事業 営業等 区分	㋐	
	事業 農業 区分	㋑	
	不動産 区分1 区分2	㋒	
	配当	㋓	
	給与 区分	㋔	10945000
	雑 公的年金等	㋕	
	雑 業務 区分	㋖	
	雑 その他 区分	㋗	
	総合譲渡 短期	㋘	
	総合譲渡 長期	㋙	
	一時	㋚	
所得金額等	事業 営業等	①	
	事業 農業	②	
	不動産	③	
	利子	④	
	配当	⑤	
	給与 区分	⑥	8995000
	雑 公的年金等	⑦	
	雑 業務	⑧	
	雑 その他	⑨	
	⑦から⑨までの計	⑩	
	総合譲渡・一時 ㋘+{(㋙+㋚)×½}	⑪	
	合計（①から⑥までの計+⑩+⑪）	⑫	8995000
所得から差し引かれる金額	社会保険料控除	⑬	
	小規模企業共済等掛金控除	⑭	
	生命保険料控除	⑮	
	地震保険料控除	⑯	
	寡婦、ひとり親控除 区分	⑰～⑱	0000
	勤労学生、障害者控除	⑲～⑳	0000
	配偶者（特別）控除 区分1 区分2	㉑～㉒	0000
	扶養控除 区分	㉓	0000
	基礎控除	㉔	480000
	⑬から㉔までの計	㉕	480000
	雑損控除	㉖	
	医療費控除 区分	㉗	
	寄附金控除	㉘	
	合計（㉕+㉖+㉗+㉘）	㉙	480000

区分	項目	番号	金額
税金の計算	課税される所得金額（⑫－㉙）又は第三表	㉚	000
	上の㉚に対する税額又は第三表の㊈	㉛	
	配当控除	㉜	
	区分	㉝	
	（特定増改築等）住宅借入金等特別控除 区分1 区分2	㉞	00
	政党等寄附金等特別控除	㉟～㊲	
	住宅耐震改修特別控除等 区分	㊱～㊵	
	差引所得税額（㉛－㉜－㉝－㉞－㉟－㊱－㊲－㊳－㊴－㊵）	㊶	
	災害減免額	㊷	
	再差引所得税額（基準所得税額）（㊶－㊷）	㊸	
	復興特別所得税額（㊸×2.1%）	㊹	
	所得税及び復興特別所得税の額（㊸+㊹）	㊺	
	外国税額控除等 区分	㊻～㊼	
	源泉徴収税額	㊽	1350900
	申告納税額（㊺－㊻－㊼－㊽）	㊾	－1350900
	予定納税額（第1期分・第2期分）	㊿	
	第3期分の税額（㊾－㊿） 納める税金	51	00
	第3期分の税額（㊾－㊿） 還付される税金	52	△ 1350900
修正申告	修正前の第3期分の税額（還付の場合は頭に△を記載）	53	
	第3期分の税額の増加額	54	00
その他	公的年金等以外の合計所得金額	55	
	配偶者の合計所得金額	56	
	専従者給与（控除）額の合計額	57	
	青色申告特別控除額	58	
	雑所得・一時所得等の源泉徴収税額の合計額	59	
	未納付の源泉徴収税額	60	
	本年分で差し引く繰越損失額	61	
	平均課税対象金額	62	
	変動・臨時所得金額 区分	63	
延納の届出	申告期限までに納付する金額	64	00
	延納届出額	65	000

㊹・㊺・㊾・51又は52の記入をお忘れなく。

還付される税金の受取場所	FP （銀行）・金庫・組合・農協・漁協 大阪 本店・（支店）・出張所・本所・支所
郵便局名等	
預金種類	普通 ○ 当座 納税準備 貯蓄
口座番号 記号番号	1234567
公金受取口座登録の同意	
公金受取口座の利用	

整理欄 区分 A B C D E F G H I J K / 異動 年 月 日 L / 補完 / 確認

整理欄 管理 / 名簿

納 管 / 事業 / 住民 / 資産 / 総合 / 分離 / 検算 / 通信日付印 / 年月日 / 一連番号

令和 0 4 年分の所得税及び復興特別所得税の確定申告書

整理番号 | | | | | | | | 　　FA2302

第二表 （令和四年分以降用）

住所・氏名

000-0000

住所・屋号　大阪府大阪市中央区●●町○丁目△番□号

フリガナ　エフピー タロウ
氏名　FP 太郎

○ 所得の内訳（所得税及び復興特別所得税の源泉徴収税額）

所得の種類	種目	給与などの支払者の「名称」及び「法人番号又は所在地」等	収入金額	源泉徴収税額
給与	給与	FP株式会社	10,945,000 円	1,350,900 円
		㊽ 源泉徴収税額の合計額		1,350,900

○ 総合課税の譲渡所得、一時所得に関する事項（⑪）

所得の種類	収入金額	必要経費等	差引金額
	円	円	円

特例適用条文等

○ 配偶者や親族に関する事項（⑳〜㉓）

氏名	個人番号	続柄	生年月日	障害者	国外居住	住民税	その他
		配偶者	明・大 昭・平 ・ ・	障 特障	国外 年調	同一 別居	調整
			明・大 昭・平・令 ・ ・	障 特障	国外 年調	(16) 別居	調整
			明・大 昭・平・令 ・ ・	障 特障	国外 年調	(16) 別居	調整
			明・大 昭・平・令 ・ ・	障 特障	国外 年調	(16) 別居	調整
			明・大 昭・平・令 ・ ・	障 特障	国外 年調	(16) 別居	調整

○ 事業専従者に関する事項（57）

事業専従者の氏名	個人番号	続柄	生年月日	従事月数・程度・仕事の内容	専従者給与（控除）額
			明・大 昭・平 ・ ・		
			明・大 昭・平 ・ ・		

○ 住民税・事業税に関する事項

住民税	非上場株式の少額配当等	非居住者の特例	配当割額控除額	株式等譲渡所得割額控除額	特定配当等・特定株式等譲渡所得の全部の申告不要	給与、公的年金等以外の所得に係る住民税の徴収方法 特別徴収	自分で納付	都道府県、市区町村への寄附（特例控除対象）	共同募金、日赤その他の寄附	都道府県条例指定寄附	市区町村条例指定寄附
	円	円	円	円				円	円	円	円

退職所得のある配偶者・親族の氏名	個人番号	続柄	生年月日	退職所得を除く所得金額	障害者	その他	寡婦・ひとり親
			明・大 昭・平 ・ ・	円	障 特障	調整	寡婦 ひとり親

事業税	非課税所得など	番号	所得金額	円	損益通算の特例適用前の不動産所得		前年中の開（廃）業	開始・廃止	月 日
	不動産所得から差し引いた青色申告特別控除額			円	事業用資産の譲渡損失など		他都道府県の事務所等		

上記の配偶者・親族・事業専従者のうち別居の者の氏名・住所	氏名 住所	国外	所得税で控除対象配偶者などとした専従者	氏名	給与	一連番号

税理士署名・電話番号　（　　 －　　 －　　 ）

整理欄 | 申告区分 | 申告等年月日 | 年 月 日 | 所得種類 | | 申告期限 | 年 月 日

保険料控除等（第二表 右側）

	保険料等の種類	支払保険料等の計	うち年末調整等以外
⑬⑭ 社会保険料控除 小規模企業共済等掛金控除		円	円
⑮ 生命保険料控除	新生命保険料	円	円
	旧生命保険料		
	新個人年金保険料		
	旧個人年金保険料		
	介護医療保険料		
⑯ 地震保険料控除	地震保険料	円	円
	旧長期損害保険料		

| 本人に関する事項（⑰〜㉓） | 寡婦 □死別 □生死不明 □離婚 □未帰還 | ひとり親 | 勤労学生 □年調以外かつ専修学校等 | 障害者 | 特別障害者 |

○ 雑損控除に関する事項（㉖）

損害の原因	損害年月日	損害を受けた資産の種類など
	・ ・	
損害金額 円	保険金などで補塡される金額 円	差引損失額のうち災害関連支出の金額 円

○ 寄附金控除に関する事項（㉘）

寄附先の名称等	寄附金 円

令和 **04** 年分の 所得税及び 復興特別所得税 の 確定 申告書 （分離課税用）

FA2401

第三表（令和四年分以降用）

〇第三表は、申告書の第一表・第二表と一緒に提出してください。

住所 屋号	000-0000 大阪府大阪市中央区●●町〇丁目△番□号
フリガナ 氏名	エフピー タロウ FP 太郎

整理番号 ☐☐☐☐☐☐☐☐　一連番号 ☐☐

特 例 適 用 条 文

法	条	項 号
所法 措法 震法 〇	4 1 条の 5 の 1	項 号
所法 措法 震法	条の の	項 号
所法 措法 震法	条の の	項 号

（単位は円）

収入金額

分離課税				
短期譲渡	一般分	㋛		
	軽減分	㋜		
長期譲渡	一般分	㋡	3 0 0 0 0 0 0 0
	特定分	㋠		
	軽課分	㋣		
一般株式等の譲渡		㋥		
上場株式等の譲渡		㋒		
上場株式等の配当等		㋘		
先物取引		㋖		
山 林		㋐		
退 職		㋑		

所得金額

分離課税				
短期譲渡	一般分	66		
	軽減分	67		
長期譲渡	一般分	68	△1 8 6 4 0 0 0 0
	特定分	69		
	軽課分	70		
一般株式等の譲渡		71		
上場株式等の譲渡		72		
上場株式等の配当等		73		
先物取引		74		
山 林		75		
退 職		76		

税金の計算

総合課税の合計額（申告書第一表の⑫）	12	△ 9 6 4 5 0 0 0
所得から差し引かれる金額（申告書第一表の㉙）	29	4 8 0 0 0 0
⑫ 対応分	77	0 0 0
66 67 対応分	78	0 0 0
68 69 70 対応分	79	0 0 0
71 72 対応分	80	0 0 0
73 対応分	81	0 0 0
74 対応分	82	0 0 0
75 対応分	83	0 0 0
76 対応分	84	0 0 0

税金の計算

77 対応分	85	
78 対応分	86	
79 対応分	87	
80 対応分	88	
81 対応分	89	
82 対応分	90	
83 対応分	91	
84 対応分	92	
85から92までの合計（申告書第一表の㉚に転記）	93	

その他

株式等	本年分の71・72から差し引く繰越損失額	94	
	翌年以後に繰り越される損失の金額	95	
配当等	本年分の73から差し引く繰越損失額	96	
先物取引	本年分の74から差し引く繰越損失額	97	
	翌年以後に繰り越される損失の金額	98	

〇 分離課税の短期・長期譲渡所得に関する事項

区分	所得の生ずる場所	必要経費	差引金額（収入金額 －必要経費）	特別控除額
長期 一般	譲渡所得の内訳書のとおり	48,640,000 円	△18,640,000 円	円
差引金額の合計額	99		△18,640,000	
特別控除額の合計額	100			

〇 上場株式等の譲渡所得等に関する事項

上場株式等の譲渡所得等の源泉徴収税額の合計額	101	

〇 退職所得に関する事項

区分	収 入 金 額	退職所得控除額
一般	円	円
短期		
特定役員		

整理欄	A	B	C	申告等年月日	
	D	E	F	通算	
取得期限				特例期間	
資産		入力		申告区分	

1 面

譲渡所得の内訳書

（確定申告書付表兼計算明細書）【土地・建物用】

【令和 4 年分】

名簿番号

提出 1 枚のうちの 1

　この内訳書は、土地や建物の譲渡（売却）による譲渡所得金額の計算用として使用するものです。「譲渡所得の申告のしかた」（国税庁ホームページ【https://www.nta.go.jp】からダウンロードできます。税務署にも用意してあります。）を参考に、契約書や領収書などに基づいて記載してください。
　なお、国税庁ホームページでは、画面の案内に従って収入金額などの必要項目を入力することにより、この内訳書や確定申告書などを作成することができます。

あなたの

現 住 所 （前住所）	大阪府大阪市中央区●●町○丁目△番□号 （　　　　　　　　　　　　　　　　　）	フリガナ 氏 名	エフピー タロウ FP 太郎
電話番号 （連絡先）	00-0000-0000	職 業	会社員

※ 譲渡（売却）した年の1月1日以後に転居された方は、前住所も記載してください。

関 与 税 理 士 名
（電話　　　　　　　　　　　　）

記 載 上 の 注 意 事 項

○　この内訳書は、一の契約ごとに1枚ずつ使用して記載し、「確定申告書」とともに提出してください。
　　また、譲渡所得の特例の適用を受けるために必要な書類（※）などは、この内訳書に添付して提出してください。
　※　譲渡所得の特例の適用を受けるために必要な書類のうち、登記事項証明書については、その登記事項証明書に代えて「譲渡所得の特例の適用を受ける場合の不動産に係る不動産番号等の明細書」等を提出することもできます。

○　長期譲渡所得又は短期譲渡所得のそれぞれごとで、二つ以上の契約がある場合には、いずれか1枚の内訳書の譲渡所得金額の計算欄（3面の「4」各欄の上段）に、その合計額を二段書きで記載してください。

○　譲渡所得の計算に当たっては、適用を受ける特例により、記載する項目が異なります。
　●　交換・買換え（代替）の特例、被相続人の居住用財産に係る譲渡所得の特別控除の特例の適用を受けない場合
　　　　　……1面・2面・3面
　●　交換・買換え（代替）の特例の適用を受ける場合
　　　　　……1面・2面・3面（「4」を除く）・4面
　●　被相続人の居住用財産に係る譲渡所得の特別控除の特例の適用を受ける場合
　　　　　……1面・2面・3面・5面
　　　　　（また、下記の 5面　　　 に○を付してください。）

○　土地建物等の譲渡による譲渡損失の金額については、一定の居住用財産の譲渡損失の金額を除き、他の所得と損益通算することはできません。

○　非業務用建物（居住用）の償却率は次のとおりです。

区 分	木 造	木骨 モルタル	（鉄骨）鉄筋 コンクリート	金属造①	金属造②
償却率	0.031	0.034	0.015	0.036	0.025

（注）「金属造①」……軽量鉄骨造のうち骨格材の肉厚が3mm以下の建物
　　　「金属造②」……軽量鉄骨造のうち骨格材の肉厚が3mm超4mm以下の建物

5面

（令和3年分以降用）

R3.11

| 2　面 | | 名簿番号 | |

1　譲渡（売却）された土地・建物について記載してください。

(1)　どこの土地・建物を譲渡（売却）されましたか。

| 所在地 | 所在地番 | 大阪府大阪市中央区本町○丁目×番□ |
| | （住居表示） | |

(2)　どのような土地・建物をいつ譲渡（売却）されましたか。

| 土地 | ☑宅　地　□田
□山　林　□畑
□雑種地　□借地権
□その他（　　　） | （実測）㎡
120
（公簿等）㎡
120 |
| 建物 | ☑居　宅　□マンション
□店　舗　□事務所
□その他
（　　　　　　） | ㎡
150 |

| 利　用　状　況 |
| ☑　自己の居住用
（居住期間
　平26年 11月〜 令4年 10月） |
| □　自己の事業用 |
| □　貸付用 |
| □　未利用 |
| □　その他（　　　　　　） |

| 売　買　契　約　日 |
| 令和4年 10月 28日 |
| 引き渡した日 |
| 令和4年 11月 5日 |

○　次の欄は、譲渡（売却）された土地・建物が共有の場合に記載してください。

あなたの持分		共有者の住所・氏名	共有者の持分	
土　地	建　物		土　地	建　物
		（住所）　　　　　　（氏名）		
		（住所）　　　　　　（氏名）		

(3)　どなたに譲渡（売却）されましたか。

| 買主 | 住　所
（所在地） | 大阪府大阪市北区角田町○丁目△番□ | | |
| | 氏　名
（名　称） | ○○不動産 | 職　業
（業　種） | 不動産仲介業 |

(4)　いくらで譲渡（売却）されましたか。

| ①　譲　渡　価　額 |
| 円 |
| 30,000,000 |

【参考事項】

| 代金の
受領状況 | 1 回目
令 4年 10月 28日
3,000,000円 | 2 回目
令 4年 11月 5日
27,000,000円 | 3 回目
年 月 日
円 | 未収金
年 月 日（予定）
円 |

| お売りになった
理　由 | □　買主から頼まれたため
☑　他の資産を購入するため
□　事業資金を捻出するため | □　借入金を返済するため
□　その他
（　　　　　　　　　） |

「相続税の取得費加算の特例」や「保証債務の特例」の適用を受ける場合などの記載方法

○　「相続税の取得費加算の特例」の適用を受けるときは、「相続財産の取得費に加算される相続税の計算明細書」（※）で計算した金額を3面の「2」の「②取得費」欄の上段に「⑪×××円」と二段書きで記載してください。

○　「保証債務の特例」の適用を受けるときは、「保証債務の履行のための資産の譲渡に関する計算明細書（確定申告書付表）」（※）で計算した金額を3面の「4」の「Ⓑ必要経費」欄の上段に「⑱×××円」と二段書きで記載してください。

○　4面を記載される方で、「相続税の取得費加算の特例」や「保証債務の特例」の適用を受ける場合には、税務署に記載方法をご確認ください。

○　配偶者居住権の目的となっている建物又はその敷地の譲渡など一定の場合は、「配偶者居住権に関する譲渡所得に係る取得費の金額の計算明細書《確定申告書付表》」（※）で計算した金額を3面の「2」の「②取得費」欄に転記してください。

※　これらの様式は、国税庁ホームページ【https://www.nta.go.jp】からダウンロードできます。なお、税務署にも用意してあります。

3 面

2　譲渡（売却）された土地・建物の購入（建築）代金などについて記載してください。

(1) 譲渡（売却）された土地・建物は、どなたから、いつ、いくらで購入（建築）されましたか。

購入建築　価格の内訳	購入（建築）先・支払先		購入建築年月日	購入・建築代金又は譲渡価額の5%
	住　所（所在地）	氏　名（名称）		
土　地	大阪府大阪市西区阿波座〇丁目△番□	〇〇興産	平成26・11・5	28,000,000円
			・　・	円
			・　・	円
			小　計　(イ)	28,000,000円
建　物	大阪府大阪市西区阿波座〇丁目△番□	〇〇興産	平成26・11・5	24,000,000円
			・　・	円
			・　・	円
建物の構造　□木造 □木骨モルタル □(鉄骨)鉄筋 ☑金属造 □その他			小　計　(ロ)	24,000,000円

※　土地や建物の取得の際に支払った仲介手数料や非業務用資産に係る登記費用などが含まれます。

(2) 建物の償却費相当額を計算します。

建物の購入・建築価額(ロ)□ 標準	償却率	経過年数	償却費相当額(ハ)
24,000,000円 × 0.9×	0.025 ×	8 =	4,320,000円

(3) 取得費を計算します。

② 取得費	(イ)＋(ロ)−(ハ)　円
	47,680,000

※　「譲渡所得の申告のしかた」を参照してください。なお、建物の標準的な建築価額による建物の取得価額の計算をしたものは、「□標準」に☑してください。
※　非業務用建物（居住用）の(ハ) の額は、(ロ) の価額の95%を限度とします（償却率は1面をご覧ください。）。

3　譲渡（売却）するために支払った費用について記載してください。

費用の種類	支　払　先		支払年月日	支　払　金　額
	住　所（所在地）	氏　名（名称）		
仲介手数料	大阪府大阪市北区角田町〇丁目△番□	〇〇不動産	令和4・11・5	960,000円
収入印紙代			・　・	円
			・　・	円
			・　・	円
			③ 譲渡費用	円 960,000

※　修繕費、固定資産税などは譲渡費用にはなりません。

4　譲渡所得金額の計算をします。

区分	特例適用条文	A 収入金額（①）	B 必要経費（②＋③）	C 差引金額（A−B）	D 特別控除額	E 譲渡所得金額（C−D）
短期・長期	所・措・震条の	30,000,000 円	48,640,000 円	△18,640,000 円	0 円	△18,640,000 円
短期・長期	所・措・震条の	円	円	円	円	円
短期・長期	所・措・震条の	円	円	円	円	円

※　ここで計算した内容（交換・買換え（代替）の特例の適用を受ける場合は、4面の「6」で計算した内容）を「申告書第三表（分離課税用）」に転記します。

整理欄

四 面

> **「交換・買換え（代替）の特例の適用を受ける場合の譲渡所得の計算」**
> この面（4面）は、交換・買換え（代替）の特例の適用を受ける場合（※）にのみ記載します。

※ 交換・買換え（代替）の特例の適用を受けた場合、交換・買換え（代替）資産として取得された（される）資産を将来譲渡したときの取得費やその資産が業務用資産であるときの減価償却費の額の計算は、その資産の実際の取得価額ではなく、譲渡（売却）された資産から引き継がれた取得価額を基に一定の計算をすることになりますので、ご注意ください。

5　交換・買換（代替）資産として取得された（される）資産について記載してください。

物　件　の　所　在　地	種　類	面　積	用　途	契約(予定)年月日	取得(予定)年月日	使用開始(予定)年月日
		㎡		・　・	・　・	・　・
		㎡		・　・	・　・	・　・

※ 「種類」欄は、宅地・田・畑・建物などと、「用途」欄は、貸付用・居住用・事務所などと記載してください。

取得された（される）資産の購入代金など（取得価額）について記載してください。

費 用 の 内 容	支払先住所（所在地）及び氏名（名称）	支 払 年 月 日	支 払 金 額
土　　　地		・　・	円
		・　・	円
		・　・	円
建　　　物		・　・	円
		・　・	円
		・　・	円
④　買換(代替)資産・交換取得資産の取得価額の合計額			円

※ 買換（代替）資産の取得の際に支払った仲介手数料や非業務用資産に係る登記費用などが含まれます。
※ 買換（代替）資産をこれから取得される見込みのときは、「買換（代替）資産の明細書」（国税庁ホームページ【https://www.nta.go.jp】からダウンロードできます。なお、税務署にも用意してあります。）を提出し、その見込額を記載してください。

6　譲渡所得金額の計算をします。

「2面」・「3面」で計算した「①譲渡価額」、「②取得費」、「③譲渡費用」と上記「5」で計算した「④買換（代替）資産・交換取得資産の取得価額の合計額」により、譲渡所得金額の計算をします。

(1) (2)以外の交換・買換え（代替）の場合[交換（所法58）・収用代替（措法33）・居住用買換え（措法36の2）・震災買換え（震法12）など]

区　分	特例適用条文	F 収 入 金 額	G 必 要 経 費	H 譲渡所得金額（F－G）
収用代替		①－③－④	$② \times \dfrac{F}{①-③}$	
上記以外		①－④	$(②+③) \times \dfrac{F}{①}$	
短期・長期	所・措・震 条の___	円	円	円

(2) 特定の事業用資産の買換え・交換（措法37・37の4）などの場合

区　分	特例適用条文	J 収 入 金 額	K 必 要 経 費	L 譲渡所得金額（J－K）
① ≦ ④		$① \times 20\%^{(※)}$	$(②+③) \times 20\%^{(※)}$	
① ＞ ④		$(①-④)+④ \times 20\%^{(※)}$	$(②+③) \times \dfrac{J}{①}$	
短期・長期	措法 条の___	円	円	円

※ 上記算式の20％は、一定の場合は25％又は30％となります。

【令和 4 年分】

名簿番号	

居住用財産の譲渡損失の金額の明細書《確定申告書付表》
（居住用財産の買換え等の場合の譲渡損失の損益通算及び繰越控除用）

【租税特別措置法第41条の5用】　○ この明細書は、申告書と一緒に提出してください。

住所又は事業所事務所居所など	000-0000 大阪府大阪市中央区●●町 ○丁目△番□号	フリガナ 氏　名	エフピー タロウ FP 太郎	電話番号	（ 00 ） 0000- 0000

　この明細書の記載に当たっては、「譲渡所得の申告のしかた」（国税庁ホームページ【https://www.nta.go.jp】からダウンロードできます。税務署にも用意してあります。）を参照してください。
　なお、国税庁ホームページでは、画面の案内に従って収入金額などの必要項目を入力することにより、この明細書や確定申告書などを作成することができます。

1　譲渡した資産に関する明細

			合　　計	建　　物	土地・借地権
資　産　の　所　在　地　番				大阪府大阪市中央区本町 ○丁目×番□	大阪府大阪市中央区本町 ○丁目×番□
資産の利用状況	面　　積			自己の居住用　　150㎡	自己の居住用　　120㎡
居　　住　　期　　間				平成26年　11月 ～ 令和4年　10月	
譲渡先	住 所 又 は 所 在 地			大阪府大阪市北区角田町 ○丁目△番□	大阪府大阪市北区角田町 ○丁目△番□
	氏 名 又 は 名 称			○○不動産	○○不動産
譲 渡 契 約 締 結 日				令和4年　10月　28日	令和4年　10月　28日
譲 渡 し た 年 月 日				令和4年　11月　5日	令和4年　11月　5日
資 産 を 取 得 し た 時 期				平成26年　11月　5日	平成26年　11月　5日
譲　　渡　　価　　額		①	30,000,000円	円	円
取得費	取 得 価 額	②	52,000,000円	円	円
	償 却 費 相 当 額	③	4,320,000円	円	
	差 引 （ ② － ③ ）	④	47,680,000円	円	円
譲 渡 に 要 し た 費 用		⑤	960,000円	円	円
居住用財産の譲渡損失の金額 （①－④－⑤）		⑥	△18,640,000円	円	円

▶ この金額を「居住用財産の譲渡損失の損益通算及び繰越控除の対象となる金額の計算書」の①欄に転記してください。

2　買い換えた資産に関する明細

		合　　計	建　　物	土地・借地権
資　産　の　所　在　地　番			大阪府大阪市中央区 ●●町○丁目△番□号	大阪府大阪市中央区 ●●町○丁目△番□号
資産の利用状況・利用目的	面　積		自己の居住用　　250㎡	自己の居住用　　120㎡
買換資産の取得（予定）日			令和4年　10月　25日	令和4年　10月　25日
居住の用に供した（供する見込）日			令和4年　10月　25日	
買換資産の取得（予定）価額		55,000,000円	25,000,000円	30,000,000円
買入れ先	住 所 又 は 所 在 地		大阪府大阪市北区角田町 ○丁目×番□	大阪府大阪市北区角田町 ○丁目×番□
	氏 名 又 は 名 称		○○不動産	○○不動産
住宅の取得等に要した住宅借入金等の金額及びその借入先			（借入先　△△銀行　　　　　　）	20,000,000円

関　与　税　理　士　名		税務署整理欄	資産課税部門	個人課税部門
（電話　　　　　　　　　　　）				純損失 （有・無）

（令和3年分以降用）　　　R3.11

整理番号	

居住用財産の譲渡損失の損益通算及び繰越控除の対象となる金額の計算書（令和 ＿4＿ 年分）【租税特別措置法第41条の5用】

住所又は事業所事務所居所など	000-0000 大阪府大阪市中央区●●町○丁目△番□号	フリガナ	エフピー タロウ
		氏　名	FP 太郎

○ この計算書は、申告書と一緒に提出してください。

> 　この計算書は、本年中に行った居住用財産の譲渡で一定のものによる損失の金額があり、その損失の金額について、本年分において、租税特別措置法第41条の5第1項（居住用財産の買換え等の場合の譲渡損失の損益通算の特例）の適用を受ける方及び翌年分以後の各年分において租税特別措置法第41条の5第4項（居住用財産の買換え等の場合の譲渡損失の繰越控除の特例）の適用を受けるために、本年分の居住用財産の譲渡損失の金額を翌年分以後に繰り越す方が使用します。
> 　詳しくは、「譲渡所得の申告のしかた」（国税庁ホームページ【https://www.nta.go.jp】からダウンロードできます。なお、税務署にも用意してあります。）をご覧ください。

居住用財産の譲渡損失の損益通算及び繰越控除の対象となる金額の計算

（赤字の金額は、△を付けないで書いてください。）

特例の計算の基礎となる居住用財産の譲渡損失の金額 （「居住用財産の譲渡損失の金額の明細書《確定申告書付表》（居住用財産の買換え等の場合の譲渡損失の損益通算及び繰越控除用）」の⑥の合計欄の金額を書いてください。）	①	円 18,640,000
分離課税の対象となる土地建物等の譲渡所得の金額の合計額 （①の金額以外に土地建物等の譲渡所得の金額がある場合は、その金額と①の金額との通算後の金額を書いてください（黒字の場合は0と書きます。）。また、①の金額以外にない場合は、①の金額を書いてください。）	②	18,640,000
損益通算の特例の対象となる居住用財産の譲渡損失の金額　（特定損失額） （①と②の金額のいずれか少ない方の金額を書いてください。）	③	18,640,000
本年分の純損失の金額 （上記③（※1）、申告書B第一表⑫及び申告書第三表⑬・⑭の金額の合計額又は申告書第四表⑱の金額を書いてください。なお、純損失の金額がないときは0と書きます。）	④	9,645,000
本年分が青色申告の場合　不動産所得の金額、事業所得の金額（※2）、山林所得の金額又は総合譲渡所得の金額（※3）のうち赤字であるものの合計額 （それぞれの所得の金額の赤字のみを合計して、その合計額を書いてください。）	⑤	
本年分が白色申告の場合　変動所得の損失額及び被災事業用資産の損失額の合計額 （それぞれの損失額の合計額を書いてください。なお、いずれの損失もないときは0と書きます。）	⑥	0
居住用財産の譲渡損失の繰越基準額 （④から⑤又は⑥を差し引いた金額（引ききれない場合は0）を書いてください。）	⑦	9,645,000
翌年以後に繰り越される居住用財産の譲渡損失の金額 （③の金額と⑦の金額のいずれか少ない方の金額を書いてください。ただし、譲渡した土地等の面積が500㎡を超えるときは、次の算式で計算した金額を書いてください。）	⑧	9,645,000

$$\left(\begin{array}{c}\text{③の金額と⑦の金額}\\ \text{のいずれか少ない方}\\ \text{の金額}\end{array}\right)\times\left\{1-\left(\frac{\begin{array}{c}\text{土地等に係る}\\ \text{特定損失の金額}\end{array}\text{_____円}}{\text{③　の　金　額 _____円}}\times\frac{\frac{\text{（土地等の面積）}}{\text{\_\_\_㎡}-500㎡}}{\frac{\text{（土地等の面積）}}{\text{\_\_\_㎡}}}\right)\right\}$$

※1　「上記③の金額」は、総合譲渡所得の黒字の金額（特別控除前）又は一時所得の黒字の金額（特別控除後、2分の1前）がある場合は、「上記③の金額」からその黒字の金額を差し引いた金額とします（「上記③の金額」より、その黒字の金額が多い場合は0とします。）。
※2　「事業所得の金額」とは、申告書第一表の「所得金額等」欄の①及び②の金額の合計額をいいます。
※3　「総合譲渡所得の金額」は、申告書第四表（損失申告用）の「1損失額又は所得金額」の⑯、⑰の金額の合計額とします。

（令和3年分以降用）

R3.11

事例3　「特定居住用財産の譲渡損失の損益通算及び繰越控除」の適用を受ける場合

　「特定居住用財産の譲渡損失の損益通算及び繰越控除」の適用を受ける場合の所得税の確定申告書の記入の仕方は、以下のとおりです。

（1）申告書作成の前提条件

　FP太郎さんの令和4年分の所得税の確定申告書作成のための【前提条件】は、次のとおりです。

●前提条件●

　ＦＰ太郎さんの「特定居住用財産の譲渡損失の損益通算及び繰越控除」に係る各種金額は、下記のとおりです。

【譲渡資産の金額】

項目	金額・年月日
譲渡価額	30,000,000円
土地取得価額	28,000,000円
家屋取得価額	24,000,000円
家屋償却費相当額	4,320,000円
譲渡経費	960,000円
取得年月日	平成26年11月5日
譲渡契約日	令和4年10月28日
引渡年月日	令和4年11月5日
借入金令和4年末の残高	40,000,000円

【給与所得の金額】

項目	金額・年月日
額面給与	10,945,000円
給与所得控除額	1,950,000円
合計所得金額	8,995,000円
源泉徴収税額	1,350,900円

（2）申告書の記入の仕方

　FP太郎さんが「特定居住用財産の譲渡損失の損益通算及び繰越控除」の適用を受けるために作成する所得税の確定申告書は。次頁以下のように記入します。

 **コメント**　**事例3** に関する解説は、24頁をご覧ください。

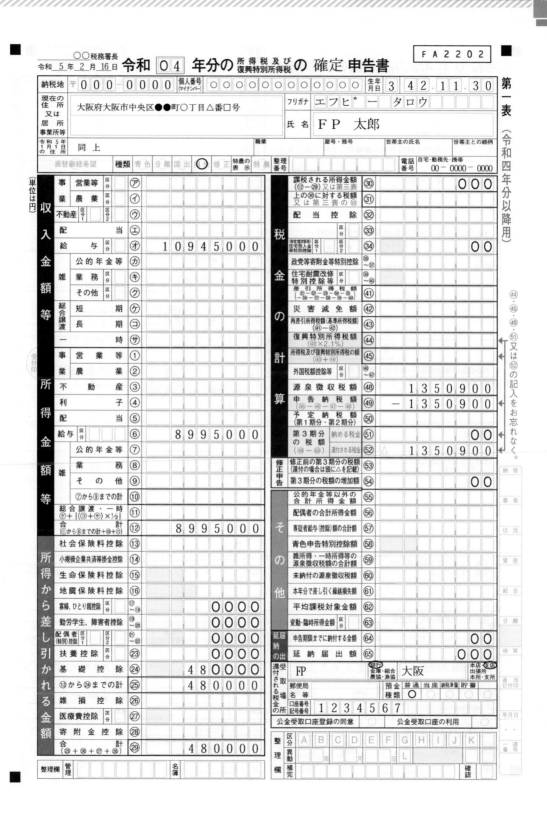

整理番号 FA2302

令和 04 年分の所得税及び復興特別所得税の確定申告書

000-0000

住所 大阪府大阪市中央区●●町〇丁目△番□号

屋号

フリガナ エフピー タロウ

氏名 FP 太郎

○ 所得の内訳（所得税及び復興特別所得税の源泉徴収税額）

所得の種類	種目	給与などの支払者の「名称」及び「法人番号又は所在地」等	収入金額	源泉徴収税額
給与	給与	FP株式会社	円 10,945,000	円 1,350,900
			㊽ 源泉徴収税額の合計額	円 1,350,900

○ 総合課税の譲渡所得、一時所得に関する事項（⑪）

所得の種類	収入金額	必要経費等	差引金額
	円	円	円

特例適用条文等

第二表（令和四年分以降用）

	保険料等の種類	支払保険料等の計	うち年末調整等以外
⑬⑭ 社会保険料控除 小規模企業共済等掛金控除		円	円
⑮ 生命保険料控除	新生命保険料	円	円
	旧生命保険料		
	新個人年金保険料		
	旧個人年金保険料		
	介護医療保険料		
⑯ 地震保険料控除	地震保険料	円	円
	旧長期損害保険料		

本人に関する事項（⑰〜⑳）	寡婦 □ 死別 □ 生死不明 □ 離婚 □ 未帰還	ひとり親	勤労学生 □ 年調以外かつ専修学校等	障害者	特別障害者

○ 雑損控除に関する事項（㉖）

損害の原因	損害年月日	損害を受けた資産の種類など
	. .	

損害金額	円	保険金などで補塡される金額	円	差引損失額のうち災害関連支出の金額	円

○ 寄附金控除に関する事項（㉘）

寄附先の名称等		寄附金	円

○ 配偶者や親族に関する事項（⑳〜㉓）

氏名	個人番号	続柄	生年月日	障害者	国外居住	住民税	その他
		配偶者	明・大 昭・平 . .	障 特障	国外 年調	同一 別居	調整
			明・大 昭・平・令 . .	障 特障	国外 年調	16 別居	調整
			明・大 昭・平・令 . .	障 特障	国外 年調	16 別居	調整
			明・大 昭・平・令 . .	障 特障	国外 年調	16 別居	調整
			明・大 昭・平・令 . .	障 特障	国外 年調	16 別居	調整

○ 事業専従者に関する事項（57）

事業専従者の氏名	個人番号	続柄	生年月日	従事月数・程度・仕事の内容	専従者給与（控除）額
			明・大 昭・平 . .		円
			明・大 昭・平 . .		

○ 住民税・事業税に関する事項

住民税	非上場株式の少額配当等	非居住者の特例	配当割額控除額	株式等譲渡所得割額控除額	特定配当等・特定株式等譲渡所得の全部の申告不要	給与、公的年金等以外の所得に係る住民税の徴収方法 特別徴収	自分で納付	都道府県、市区町村への寄附（特例控除対象）	共同募金、日赤その他の寄附	都道府県条例指定寄附	市区町村条例指定寄附
	円	円	円	円				円	円	円	円

退職所得のある配偶者・親族の氏名	個人番号	続柄	生年月日	退職所得を除く所得金額	障害者	その他	寡婦・ひとり親
			明・大 昭・平 . .	円	障 特障	調整	寡婦 ひとり親

事業税	非課税所得など	番号	所得金額	円	損益通算の特例適用前の不動産所得	円	前年中の開（廃）業	開始・廃止	月日
	不動産所得から差し引いた青色申告特別控除額			円	事業用資産の譲渡損失など	円	他都道府県の事務所等		

上記の配偶者・親族・事業専従者のうち別居の者の氏名・住所	氏名	住所	国外	所得税で控除対象配偶者などとした専従者	氏名	給与	円	一連番号

整理欄	申告区分	申告等年月日	年 月 日	所得種類	
	特例適用条文	法 条の 項 号		申告期限	年 月 日

税理士法書面提出 30条 33条の2

税理士署名・電話番号（ － － ）

〇第二表は、第一表と一緒に提出してください。〇国民年金保険料や生命保険料の支払証明書など申告書に添付しなければならない書類は添付書類台紙などに貼ってください。

令和 [0][4] 年分の 所得税及び／復興特別所得税 の 確定 申告書（分離課税用）

FA2401

第三表（令和四年分以降用）

○第三表は、申告書の第一表・第二表と一緒に提出してください。

| 整理番号 | | 一連番号 | |

特 例 適 用 条 文

	法	条	項	号
所法 措法 震法 ○	4 1 条の 5 の 2	1 項	号
所法 措法 震法	条の の	項	号
所法 措法 震法	条の の	項	号

住所 000-0000 大阪府大阪市中央区●●町○丁目△番□号
フリガナ エフピー タロウ
氏名 FP 太郎

（単位は円）

収入金額（分離課税）

短期譲渡	一般分	㋛	
	軽減分	㋜	
長期譲渡	一般分	㋝	30000000
	特定分	㋟	
	軽課分	㋠	
一般株式等の譲渡		㋡	
上場株式等の譲渡		㋢	
上場株式等の配当等		㋣	
先物取引		㋤	
山林		㋥	
退職		㊁	

所得金額（分離課税）

短期譲渡	一般分	66	
	軽減分	67	
長期譲渡	一般分	68	△18640000
	特定分	69	
	軽課分	70	
一般株式等の譲渡		71	
上場株式等の譲渡		72	
上場株式等の配当等		73	
先物取引		74	
山林		75	
退職		76	

税金の計算（課税される所得金額）

総合課税の合計額（申告書第一表の⑫）	12	△1005000
所得から差し引かれる金額（申告書第一表の㉙）	29	480000
⑫ 対応分	77	000
66 67 対応分	78	000
68 69 70 対応分	79	000
71 72 対応分	80	000
73 対応分	81	000
74 対応分	82	000
75 対応分	83	000
76 対応分	84	000

税金の計算（税額）

77 対応分	85	
78 対応分	86	
79 対応分	87	
80 対応分	88	
81 対応分	89	
82 対応分	90	
83 対応分	91	
84 対応分	92	
85から92までの合計（申告書第一表の㉛に転記）	93	

その他

株式等 本年分の71、72から差し引く繰越損失額	94	
翌年以後に繰り越される損失の金額	95	
配当等 本年分の73から差し引く繰越損失額	96	
先物取引 本年分の74から差し引く繰越損失額	97	
翌年以後に繰り越される損失の金額	98	

○ 分離課税の短期・長期譲渡所得に関する事項

区分	所得の生ずる場所	必要経費	差引金額（収入金額－必要経費）	特別控除額
長期一般	譲渡所得の内訳書のとおり	48,640,000 円	△18,640,000 円	円
差引金額の合計額	99		△18,640,000	
特別控除額の合計額	100			

○ 上場株式等の譲渡所得等に関する事項

上場株式等の譲渡所得等の源泉徴収税額の合計額	101	

○ 退職所得に関する事項

区分	収 入 金 額	退職所得控除額
一般	円	円
短期		
特定役員		

整理欄

A	B	C	申告等年月日	
D	E	F	通算	
取得期限 資産		入力	申告区分	特例期間

1 面

譲渡所得の内訳書

（確定申告書付表兼計算明細書）【土地・建物用】

【令和 4 年分】

名簿番号

提出 1 枚のうちの 1

この内訳書は、土地や建物の譲渡（売却）による譲渡所得金額の計算用として使用するものです。「譲渡所得の申告のしかた」（国税庁ホームページ【https://www.nta.go.jp】からダウンロードできます。税務署にも用意してあります。）を参考に、契約書や領収書などに基づいて記載してください。

なお、国税庁ホームページでは、画面の案内に従って収入金額などの必要項目を入力することにより、この内訳書や確定申告書などを作成することができます。

あなたの

現 住 所 (前住所)	大阪府大阪市中央区●●町○丁目△番□号 ( )	フリガナ 氏 名	エフピー タロウ FP 太郎
電話番号 (連絡先)	00-0000-0000	職 業	会社員

※ 譲渡（売却）した年の1月1日以後に転居された方は、前住所も記載してください。

関 与 税 理 士 名
（電話　　　　　　　　　　）

┌─ 記 載 上 の 注 意 事 項 ─────────────────────────

○ この内訳書は、一の契約ごとに1枚ずつ使用して記載し、「確定申告書」とともに提出してください。

また、譲渡所得の特例の適用を受けるために必要な書類（※）などは、この内訳書に添付して提出してください。

※ 譲渡所得の特例の適用を受けるために必要な書類のうち、登記事項証明書については、その登記事項証明書に代えて「譲渡所得の特例の適用を受ける場合の不動産に係る不動産番号等の明細書」等を提出することもできます。

○ 長期譲渡所得又は短期譲渡所得のそれぞれごとで、二つ以上の契約がある場合には、いずれか1枚の内訳書の譲渡所得金額の計算欄（3面の「4」各欄の上段）に、その合計額を二段書きで記載してください。

○ 譲渡所得の計算に当たっては、適用を受ける特例により、記載する項目が異なります。
● 交換・買換え（代替）の特例、被相続人の居住用財産に係る譲渡所得の特別控除の特例の適用を受けない場合
　　……1面・2面・3面
● 交換・買換え（代替）の特例の適用を受ける場合
　　……1面・2面・3面（「4」を除く）・4面
● 被相続人の居住用財産に係る譲渡所得の特別控除の特例の適用を受ける場合
　　……1面・2面・3面・5面
　　（また、下記の 5面 に○を付けてください。）

○ 土地建物等の譲渡による譲渡損失の金額については、一定の居住用財産の譲渡損失の金額を除き、他の所得と損益通算することはできません。

○ 非業務用建物（居住用）の償却率は次のとおりです。

区 分	木 造	木 骨 モルタル	(鉄骨) 鉄筋 コンクリート	金属造①	金属造②
償却率	0.031	0.034	0.015	0.036	0.025

（注）「金属造①」……軽量鉄骨造のうち骨格材の肉厚が3mm以下の建物
　　　「金属造②」……軽量鉄骨造のうち骨格材の肉厚が3mm超4mm以下の建物

└───

5面

（令和3年分以降用）

2　面		名簿番号	

1　譲渡（売却）された土地・建物について記載してください。

（1）どこの土地・建物を譲渡（売却）されましたか。

所在地	所在地番	大阪府大阪市中央区本町○丁目×番□
	（住居表示）	

（2）どのような土地・建物をいつ譲渡（売却）されましたか。

土地	☑宅　地　□田 □山　林　□畑 □雑種地　□借地権 □その他（　　　）	（実測）　　㎡ 120 （公簿等）　㎡ 120	利 用 状 況	売買契約日
			☑自己の居住用 （居住期間 　平26年11月～令4年10月）	令和4年 10月 28日
建物	☑居　宅　□マンション □店　舗　□事務所 □その他 （　　　　　）	㎡ 150	□自己の事業用 □貸付用 □未利用 □その他（　）	引 き 渡 し た 日 令和4年 11月 5日

○　次の欄は、譲渡（売却）された土地・建物が共有の場合に記載してください。

あなたの持分		共 有 者 の 住 所・氏 名	共 有 者 の 持 分	
土　地	建　物		土　地	建　物
		（住所）　　　　　　（氏名）		
		（住所）　　　　　　（氏名）		

（3）どなたに譲渡（売却）されましたか。

買主	住　所 （所在地）	大阪府大阪市北区角田町○丁目△番□		
	氏　名 （名　称）	○○不動産	職　業 （業　種）	不動産仲介業

（4）いくらで譲渡（売却）されましたか。

①	譲 渡 価 額
	円 30,000,000

【参考事項】

代金の 受領状況	1 回 目 令 4年10月28日 3,000,000円	2 回 目 令 4年11月5日 27,000,000円	3 回 目 　年　月　日 円	未 収 金 　年　月　日（予定） 円

お売りになった 理　由	□　買主から頼まれたため □　他の資産を購入するため □　事業資金を捻出するため	☑　借入金を返済するため □　その他 （　　　　　　　　）

【「相続税の取得費加算の特例」や「保証債務の特例」の適用を受ける場合などの記載方法】

○　「相続税の取得費加算の特例」の適用を受けるときは、「相続財産の取得費に加算される相続税の計算明細書」（※）で計算した金額を3面の「2」の「②取得費」欄の上段に「相×××円」と二段書きで記載してください。

○　「保証債務の特例」の適用を受けるときは、「保証債務の履行のための資産の譲渡に関する計算明細書（確定申告書付表）」（※）で計算した金額を3面の「4」の「B必要経費」欄の上段に「保×××円」と二段書きで記載してください。

○　4面を記載される方で、「相続税の取得費加算の特例」や「保証債務の特例」の適用を受ける場合には、税務署に記載方法をご確認ください。

○　配偶者居住権の目的となっている建物又はその敷地の譲渡など一定の場合は、「配偶者居住権に関する譲渡所得に係る取得費の金額の計算明細書（確定申告書付表）」（※）で計算した金額を3面の「2」の「②取得費」欄に転記してください。

※　これらの様式は、国税庁ホームページ【https://www.nta.go.jp】からダウンロードできます。なお、税務署にも用意してあります。

3 面

2　譲渡（売却）された土地・建物の購入（建築）代金などについて記載してください。

（1）譲渡（売却）された土地・建物は、どなたから、いつ、いくらで購入（建築）されましたか。

購入建築 価額の内訳	購入（建築）先・支払先 住所（所在地）	氏名（名称）	購入建築 年月日	購入・建築代金 又は譲渡価額の5%
土　　地	大阪府大阪市西区阿波座 ○丁目△番□	○○興産	平成 26・11・5	28,000,000円
			・　・	円
			・　・	円
			小　計　（イ）	28,000,000円
建　　物	大阪府大阪市西区阿波座 ○丁目△番□	○○興産	平成 26・11・5	24,000,000円
			・　・	円
			・　・	円
建物の構造　□木造 □木骨モルタル □（鉄骨）鉄筋 ☑金属造 □その他			小　計　（ロ）	24,000,000円

※　土地や建物の取得の際に支払った仲介手数料や非業務用資産に係る登記費用などが含まれます。

（2）建物の償却費相当額を計算します。

建物の購入・建築価額（ロ）　　償却率　　経過年数　　償却費相当額（ハ）
□標準
24,000,000円 × 0.9 × 0.025 × 8 ＝ 4,320,000円

（3）取得費を計算します。

② 取得費	（イ）＋（ロ）−（ハ）　円 47,680,000

※　「譲渡所得の申告のしかた」を参照してください。なお、建物の標準的な建築価額による建物の取得価額の計算をしたものは、「□標準」に☑してください。
※　非業務用建物（居住用）の（ハ）の額は、（ロ）の価額の95%を限度とします（償却率は1面をご覧ください。）。

3　譲渡（売却）するために支払った費用について記載してください。

費用の種類	支　払　先 住所（所在地）	氏名（名称）	支払年月日	支払金額
仲介手数料	大阪府大阪市北区角田町 ○丁目△番□	○○不動産	令和 4・11・5	960,000円
収入印紙代			・　・	円
			・　・	円
			・　・	円

※　修繕費、固定資産税などは譲渡費用にはなりません。

③ 譲渡費用	円 960,000

4　譲渡所得金額の計算をします。

区分	特例適用 条文	A 収入金額 （①）	B 必要経費 （②＋③）	C 差引金額 （A−B）	D 特別控除額	E 譲渡所得金額 （C−D）
短期 (長期)	所・措・震 条の____	円 30,000,000	円 48,640,000	円 △18,640,000	円 0	円 △18,640,000
短期 長期	所・措・震 条の____	円	円	円	円	円
短期 長期	所・措・震 条の____	円	円	円	円	円

※　ここで計算した内容（交換・買換え（代替）の特例の適用を受ける場合は、4面の「6」で計算した内容）を「申告書第三表（分離課税用）」に転記します。

整理欄

4 面

> ## 「交換・買換え（代替）の特例の適用を受ける場合の譲渡所得の計算」
> この面（4面）は、交換・買換え（代替）の特例の適用を受ける場合（※）にのみ記載します。

※ 交換・買換え（代替）の特例の適用を受けた場合、交換・買換え（代替）資産として取得された（される）資産を将来譲渡したときの取得費やその資産が業務用資産であるときの減価償却費の額の計算は、その資産の実際の取得価額ではなく、譲渡（売却）された資産から引き継がれた取得価額を基に一定の計算をすることになりますので、ご注意ください。

5　交換・買換え（代替）資産として取得された（される）資産について記載してください。

物 件 の 所 在 地	種 類	面 積	用 途	契約(予定)年月日	取得(予定)年月日	使用開始(予定)年月日
		㎡		・　・	・　・	・　・
		㎡		・　・	・　・	・　・

※ 「種類」欄は、宅地・田・畑・建物などと、「用途」欄は、貸付用・居住用・事務所などと記載してください。

取得された（される）資産の購入代金など（取得価額）について記載してください。

費用の内容	支払先住所（所在地）及び氏名（名称）	支 払 年 月 日	支 払 金 額
土　　　地		・　・	円
		・　・	円
		・　・	円
建　　　物		・　・	円
		・　・	円
		・　・	円
④　買換（代替）資産・交換取得資産の取得価額の合計額			円

※ 買換（代替）資産の取得の際に支払った仲介手数料や非業務用資産に係る登記費用などが含まれます。
※ 買換（代替）資産をこれから取得される見込みのときは、「買換（代替）資産の明細書」（国税庁ホームページ【https://www.nta.go.jp】からダウンロードできます。なお、税務署にも用意してあります。）を提出し、その見込額を記載してください。

6　譲渡所得金額の計算をします。

「2面」・「3面」で計算した「①譲渡価額」、「②取得費」、「③譲渡費用」と上記「5」で計算した「④買換（代替）資産・交換取得資産の取得価額の合計額」により、譲渡所得金額の計算をします。

(1) (2)以外の交換・買換え（代替）の場合［交換(所法58)・収用代替(措法33)・居住用買換え(措法36の2)・震災買換え(震法12)など］

区 分		F 収 入 金 額	G 必 要 経 費	H 譲渡所得金額 （F－G）
収用代替	特例適用 条　文	$① - ③ - ④$	$② \times \dfrac{F}{① - ③}$	
上記以外		$① - ④$	$(② + ③) \times \dfrac{F}{①}$	
短 期・ 長 期	所・措・震 条 の	円	円	円

(2) 特定の事業用資産の買換え・交換(措法37・37の4)などの場合

区 分		J 収 入 金 額	K 必 要 経 費	L 譲渡所得金額 （J－K）
$① ≦ ④$	特例適用 条　文	$① \times 20\%^{(※)}$	$(② + ③) \times 20\%^{(※)}$	
$① > ④$		$(① - ④) + ④ \times 20\%^{(※)}$	$(② + ③) \times \dfrac{J}{①}$	
短 期・ 長 期	措 法 条 の	円	円	円

※ 上記算式の20%は、一定の場合は25%又は30%となります。

【令和 __4__ 年分】

名簿番号 [　　　]

特定居住用財産の譲渡損失の金額の明細書《確定申告書付表》
（ 特 定 居 住 用 財 産 の 譲 渡 損 失 の 損 益 通 算 及 び 繰 越 控 除 用 ）

【租税特別措置法第41条の5の2用】

○ この明細書は、申告書と一緒に提出してください。

住　所 （又は事業所事務所居所など）	000-0000 大阪府大阪市中央区●●町 ○丁目△番□号	フリガナ 氏　名	エフピー タロウ FP 太郎	電話 番号	（　00　） 0000- 0000

　この明細書の記載に当たっては、「譲渡所得の申告のしかた」（国税庁ホームページ【https://www.nta.go.jp】からダウンロードできます。税務署にも用意してあります。）を参照してください。
　なお、国税庁ホームページでは、画面の案内に従って収入金額などの必要項目を入力することにより、この明細書や確定申告書などを作成することができます。

【譲渡した資産に関する明細】

		合　　計	建　　物	土地・借地権
資 産 の 所 在 地 番			大阪府大阪市中央区本町 ○丁目×番□	大阪府大阪市中央区本町 ○丁目×番□
資産の利用状況｜面　積			自己の居住用　　150㎡	自己の居住用　　120㎡
居　住　期　間			平成26年 11月 ～ 令和4年 10月	
譲渡先｜住 所 又 は 所 在 地			大阪府大阪市北区角田町 ○丁目△番□	大阪府大阪市北区角田町 ○丁目△番□
譲渡先｜氏 名 又 は 名 称			○○不動産	○○不動産
譲 渡 契 約 締 結 日			令和4年 10月 28日	令和4年 10月 28日
譲渡契約締結日の前日における住宅借入金等の金額及びその借入先	①		借入先 △△銀行	40,000,000円
譲 渡 し た 年 月 日			令和4年 11月 5日	令和4年 11月 5日
資 産 を 取 得 し た 時 期			平成26年 11月 5日	平成26年 11月 5日
譲　渡　価　額	②	30,000,000円	円	円
取得費｜取 得 価 額	③	52,000,000円	円	円
取得費｜償 却 費 相 当 額	④	4,320,000円	円	
取得費｜差 引（ ③ - ④ ）	⑤	47,680,000円	円	円
譲 渡 に 要 し た 費 用	⑥	960,000円	円	円
特 定 居 住 用 財 産 の 譲 渡 損 失 の 金 額（②-⑤-⑥）	⑦	△18,640,000円	円	円

▶ この金額を「特定居住用財産の譲渡損失の損益通算及び繰越控除の対象となる金額の計算書」の①欄に転記してください。

関 与 税 理 士 名		
		（電話　　　　　　　）

税務署 整理欄	資産課税部門	個人課税部門
		純損失 （有・無）

（令和 3 年分以降用）

R3.11

整理番号	

特定居住用財産の譲渡損失の損益通算及び繰越控除の対象となる金額の計算書（令和 4 年分）　【租税特別措置法第41条の5の2用】

住所 又は 事業所 事務所 居所など	000-0000 大阪府大阪市中央区●●町○丁目△番□号	フリガナ	エフピー タロウ
		氏 名	FP 太郎

○この計算書は、申告書と一緒に提出してください。

　この計算書は、本年中に行った特定居住用財産の譲渡で一定のものによる損失の金額があり、その損失の金額について、本年分において、租税特別措置法第41条の5の2第1項（特定居住用財産の譲渡損失の損益通算の特例）の適用を受ける方及び翌年分以後の各年分において租税特別措置法第41条の5の2第4項（特定居住用財産の譲渡損失の繰越控除の特例）の適用を受けるために、本年分の特定居住用財産の譲渡損失の金額を翌年分以後に繰り越す方が使用します。
　詳しくは、「譲渡所得の申告のしかた」（国税庁ホームページ【https://www.nta.go.jp】からダウンロードできます。なお、税務署にも用意してあります。）をご覧ください。

特定居住用財産の譲渡損失の損益通算及び繰越控除の対象となる金額の計算

（赤字の金額は、△を付けないで書いてください。）

			円
特例の計算の基礎となる特定居住用財産の譲渡損失の金額 （「特定居住用財産の譲渡損失の金額の明細書《確定申告書付表》（特定居住用財産の譲渡損失の損益通算及び繰越控除用）」の⑦の合計欄の金額を書いてください。）	①		18,640,000
分離課税の対象となる土地建物等の譲渡所得の金額の合計額 （①の金額以外に土地建物等の譲渡所得の金額がある場合は、その金額と①の金額との通算後の金額を書いてください（黒字の場合は0と書きます）。また、①の金額以外にない場合は、①の金額を書いてください。）	②		18,640,000
譲渡契約締結日の前日における住宅借入金等の金額から特定居住用財産の譲渡価額を控除した残額 （「特定居住用財産の譲渡損失の金額の明細書《確定申告書付表》（特定居住用財産の譲渡損失の損益通算及び繰越控除用）」の①から②を控除した金額を書いてください。なお、控除した金額が赤字の場合は0と書いてください。）	③		10,000,000
損益通算の特例の対象となる特定居住用財産の譲渡損失の金額（特定損失額） （①から③の金額のいずれか少ない金額を書いてください。）	④		10,000,000
本年分の純損失の金額 （上記④（※1）、申告書B第一表⑫及び申告書第三表�73・�74の金額の合計額又は申告書第四表㊄の金額を書いてください。なお、純損失の金額がないときは0と書きます。）	⑤		1,005,000
本年分が青色申告の場合	不動産所得の金額、事業所得の金額（※2）、山林所得の金額又は総合譲渡所得の金額（※3）のうち赤字であるものの合計額 （それぞれの所得の金額の赤字のみを合計して、その合計額を書いてください。）	⑥	
本年分が白色申告の場合	変動所得の損失額及び被災事業用資産の損失額の合計額 （それぞれの損失額の合計額を書いてください。なお、いずれの損失もないときは0と書きます。）	⑦	0
特定居住用財産の譲渡損失の繰越基準額 （⑤から⑥又は⑦を差し引いた金額（引ききれない場合は0）を書いてください。）	⑧		1,005,000
翌年以後に繰り越される特定居住用財産の譲渡損失の金額 （④の金額と⑧の金額のいずれか少ない方の金額を書いてください。）	⑨		1,005,000

※1　「上記④の金額」は、総合譲渡所得の黒字の金額（特別控除前）又は一時所得の黒字の金額（特別控除後、2分の1前）がある場合は、「上記④の金額」からその黒字の金額を差し引いた金額とします（「上記④の金額」より、その黒字の金額が多い場合は0とします）。
※2　「事業所得の金額」とは、申告書B第一表の「所得金額等」欄の①及び②の金額の合計額をいいます。
※3　「総合譲渡所得の金額」は、申告書第四表（損失申告用）の「1損失額又は所得金額」の㊆、㊉の金額の合計額とします。

（令和3年分以降用）

R3.11

事例4 サラリーマンが年末調整により「住宅ローン控除の還付」を受ける場合

　給与所得者が「住宅ローン控除」を利用して所得税の還付を受ける場合、住宅ローン残高の0.7％（最高限度額）までの金額が控除できないという疑問を抱かれる方も多いようです。その理由は、以下のとおりです。

（1）源泉徴収票作成の前提条件

　サラリーマンのFP太郎さんが「住宅ローン控除」を利用して納め過ぎとなっている給与所得の源泉徴収税額の還付を受ける場合、その年のローン残高の0.7％（ローン控除額の最高限度額）まで控除できませんでした。その理由は、次のとおりです。

●前提条件●

　ＦＰ太郎さんの令和4年分の給与所得に係る各種金額は、下記のとおりです。

【前提条件】

●給与所得の収入金額：5,000,000円
●源泉徴収税額　　　：　95,200円
●住宅への入居時期　：令和4年3月入居

（2）源泉徴収票の見方

　上記の【事例】による「給与所得の源泉徴収票」の記入事例は、次頁をご参照ください。
　この場合、たとえ年末の借入金残高が3,000万円あったとしても、還付される所得税は源泉徴収税額（97,100円）のうち所得税に対応する部分95,200円が限度となります（還付される所得税に対応する復興特別所得税も同時に還付されます）。なお、上記のケースでは、源泉徴収税額97,100円のうち所得税に対応する金額95,200円が住宅ローン控除を控除した後で0円になるため、結果、復興特別所得税に対応する金額1,900円も全額還付されることになります。
　また、控除不足額については、翌年納付する住民税から控除を受けることができますが、それでも所得が少ないときはローン残高の0.7％分の税金が還付されるとは限りません。
＜翌年の住民税から適用する住宅ローン控除額＞
① 21万円（住宅ローン控除可能額）−95,200円（※）＝114,800円（控除不足額）
② 1,904,000円（課税総所得金額）×7％＝133,280円 ＜ 136,500円（限度額）
　∴　133,280円
③ ①＞② ∴ 133,280円
（※）源泉徴収税額97,100円のうち所得税に対応する部分

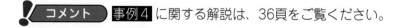

コメント 事例4 に関する解説は、36頁をご覧ください。

令和 **4** 年分　　給与所得の源泉徴収票

支払を受ける者	住所又は居所	大阪市中央区●●町〇丁目△番□号

（受給者番号）
（個人番号）○○○○○○○○○○○○
（役職名）

氏名　（フリガナ）エフピー　タロウ
FP　太郎

種別	支払金額	給与所得控除後の金額（調整控除後）	所得控除の額の合計額	源泉徴収税額
給与・賞与	内　5000000	3560000	1555513	内　97100

（源泉）控除対象配偶者の有無等		配偶者（特別）控除の額	控除対象扶養親族の数（配偶者を除く。）			16歳未満扶養親族の数	障害者の数（本人を除く。）		非居住者である親族の数
有	従有	老人　千　円	特定　人　従人	老人　内　人　従人	その他　人　従人		特別　内　人	その他　人	人

社会保険料等の金額	生命保険料の控除額	地震保険料の控除額	住宅借入金等特別控除の額
内　695513	50000	50000	

（摘要）

生命保険料の金額の内訳	新生命保険料の金額　円	旧生命保険料の金額　円	介護医療保険料の金額　円	新個人年金保険料の金額　円	旧個人年金保険料の金額　円

住宅借入金等特別控除の額の内訳	住宅借入金等特別控除適用数	居住開始年月日（1回目）　年　月　日	住宅借入金等特別控除区分(1回目)	住宅借入金等年末残高(1回目)　円	
	住宅借入金等特別控除可能額　円	居住開始年月日（2回目）　年　月　日	住宅借入金等特別控除区分(2回目)	住宅借入金等年末残高(2回目)　円	

（源泉・特別）控除対象配偶者	（フリガナ）氏名	区分	配偶者の合計所得	国民年金保険料等の金額　円	旧長期損害保険料の金額　円
	個人番号			基礎控除の額　円	所得金額調整控除額　円

控除対象扶養親族	1	（フリガナ）氏名	区分	16歳未満の扶養親族	1	（フリガナ）氏名	区分	（備考）
		個人番号						
	2	（フリガナ）氏名	区分		2	（フリガナ）氏名	区分	
		個人番号						
	3	（フリガナ）氏名	区分		3	（フリガナ）氏名	区分	
		個人番号						
	4	（フリガナ）氏名	区分		4	（フリガナ）氏名	区分	
		個人番号						

未成年者	外国人	死亡退職	災害者	乙欄	本人が障害者		寡婦	ひとり親	勤労学生	中途就・退職				受給者生年月日			
					特別	その他				就職	退職	年　月　日		元号	年	月	日
														昭和	42	11	30

支払者	個人番号又は法人番号	
	住所（居所）又は所在地	大阪市中央区船場2-6-9
	氏名又は名称	凸凹株式会社　　（電話）

（税務署提出用）

整理欄

375

2. 事例別 『贈与税の申告書』の書き方

 事例5 「住宅ローン控除」と「住宅取得等資金贈与の特例」との重複適用を受ける場合

「住宅ローン控除と住宅取得等資金贈与の特例」との重複適用を受ける場合の所得税の確定申告書と贈与税申告書の記入の仕方は、以下のとおりです。

（1）申告書作成の前提条件

FP太郎さんとその妻FP花子さんの令和4年分の所得税・贈与税の確定申告書作成のための【前提条件】は、次のとおりです。

●前提条件●

- ●令和4年8月1日にFP太郎さんとその妻・FP花子さんが、住宅38,500,000円、床面積150㎡）、土地11,500,000円の合計50,000,000円の認定長期優良住宅の要件を満たす家屋の新築に係る契約を締結した。
- ●持分は、それぞれ2分の1ずつ。
- ●令和4年9月3日にFP花子さんが直系尊属である父・FP三郎さんより17,000,000円を住宅取得等資金として贈与により取得した。
- ●FP太郎さんは25,000,000円、FP花子さんは13,000,000円の住宅ローンを組む。
- ●FP太郎さん及びFP花子さんの各年の合計所得金額は、それぞれ20,000,000円である
- ●令和4年12月15日に新築等した家屋を居住の用に供した。

【解説】

❶ 住宅ローン控除について

令和4年1月1日から令和7年12月31日までの間に居住を開始していることから、住宅ローン控除の控除期間は13年となります。

妻であるFP花子は住宅ローン控除と住宅取得等資金贈与の特例を併用しているため、住宅ローン控除の規定の適用を受ける金額の計算基礎となる「住宅借入金等の金額の合計額」の算出には注意が必要です。

❷ 住宅取得等資金の贈与について

令和4年4月1日から令和5年12月31日までの間に省エネ住宅等（認定長期優良住宅には省エネ住宅等が含まれています。）で消費税額が10％に該当する家屋の新築等に係る契約を締結したため、非課税限度額は10,000,000円となります。

❸ 不動産の持分

　支払った金額に応じて持分が決まります。なお、この持分は登記された後の登記簿謄本（登記事項証明書）に表示されることとなります。今回の設例では持分が2分の1ずつとなりますので、登記も2分の1ずつで行います。

●FP太郎さんが受けられる住宅ローン控除額の計算

【1年目の住宅借入金等の年末残高が25,000,000円である場合】

25,000,000円×0.7％＝175,000円と住宅ローン控除適用前の所得税額のいずれか少ない金額

【11年目の住宅借入金等の年末残高が19,188,339円である場合】

19,188,339円×0.7％＝134,318円→134,300円（100円未満切捨て）と住宅ローン控除適用前の所得税額のいずれか少ない金額

●FP花子さんの令和4年分の贈与税額の計算

（12,000,000円－10,000,000円－基礎控除額1,100,000円）×10％＝90,000円

　　　　　　　　　↳住宅取得等資金の贈与税の非課税の適用を受けた受贈額

●FP花子さんが受けられる住宅ローン控除額の計算

【1年目の住宅借入金等の年末残高が13,000,000円である場合】

13,000,000円※×0.7％＝91,000円

※住宅借入金等の金額の合計額は①と②のいずれか少ない金額となります。

　① 住宅の取得等に係る借入金の金額

　　　13,000,000円

　② 住宅の取得等に係る対価の額から住宅取得等資金の贈与額を控除した金額

　　　50,000,000円×持分1/2－10,000,000円＝15,000,000円

　　　　　　　　　　　　↳住宅取得等資金の贈与税の非課税の適用を受けた受贈額

　③ 13,000,000円≦15,000,000円　∴13,000,000円

【12年目の住宅借入金等の年末残高が7,422,233円である場合】

　7,422,233円※×0.7％＝51,955円→51,900円（100円未満切捨）と住宅ローン控除適用前の所得税額のいずれか少ない金額

※住宅借入金等の金額の合計額は、①と②のいずれか少ない金額となります。

　① 住宅の取得等に係る借入金の金額

       7,422,233円

② 住宅の取得等に係る対価の額から住宅取得等資金の贈与額を控除した金額

   50,000,000円×持分1/2－10,000,000円＝15,000,000円

③ 7,422,233円＜15,000,000円　∴7,422,233円

（2）申告書の記入の仕方

   FP花子さんが「住宅ローン控除」と「住宅取得等資金贈与の特例」の適用を受けるために作成する贈与税の申告書は、次頁以下のように記入します。

> ！コメント　事例5 に関する解説は、37頁をご覧ください。

○○ 税務署長
令和 5 年 2 月 16 日提出

令和 **04** 年分贈与税の申告書 (兼贈与税の額の計算明細書)　FD 4729

第一表（令和4年分以降用）

提出用

〒 000－0000　（電話　　－　　　－　　　）

住所　大阪府大阪市中央区●●町○丁目△番□号

フリガナ　エフピー　ハナコ

氏名　FP 花子

個人番号又は法人番号

生年月日　3 42 11 30　職業　会社員

明治① 大正② 昭和③ 平成④ 令和⑤

税務署整理欄（記入しないでください。）

整理番号		名簿	
補完			事案
申告書提出年月日		財産細目コード	短期処理／確認／関与区分
災害等延長年月日			
出国年月日			訂正／修正
死亡年月日			作成／枚数

私は、租税特別措置法第70条の2の5第1項又は第3項の規定による直系尊属から贈与を受けた場合の贈与税の税率（特例税率）の特例の適用を受けます。

I 暦年課税分

i 特例贈与財産分

贈与者の住所・氏名（フリガナ）・申告者との続柄・生年月日

住所　東京都千代田区●●町○丁目△番□号

エフピー　サブロウ

氏名　FP 三郎　続柄 1

生年月日　3 10 11 30

種類 現金、預貯金等
細目 現金、預貯金等
利用区分・銘柄等 住宅取得等資金

財産を取得した年月日　令和 04 年 09 月 03 日
価額　2 000 000

申告書第一表の二のとおり

特例贈与財産の価額の合計額（課税価格）① 2 000 000

ii 一般贈与財産分

一般贈与財産の価額の合計額（課税価格）②

配偶者控除額（最高2,000万円）③

【合計欄】

暦年課税分（③の控除後の課税価格）

暦年課税分の課税価格の合計額（①＋（②－③））	④	2 000 000
基礎控除額	⑤	1 100 000
⑤の控除後の課税価格（④－⑤）	⑥	900 000
⑥に対する税額	⑦	90 000
外国税額の控除額	⑧	
医療法人持分税額控除額	⑨	
差引税額（⑦－⑧－⑨）	⑩	90 000
相続時精算課税分の課税価格の合計額	⑪	
相続時精算課税分の差引税額の合計額	⑫	

課税価格の合計額（①＋②＋⑪）	⑬	2 000 000
差引税額の合計額（納付すべき税額）（⑩＋⑫）	⑭	90 000
農地等納税猶予税額	⑮	0 0
株式等納税猶予税額	⑯	0 0
特例株式等納税猶予税額	⑰	0 0
医療法人持分納税猶予税額	⑱	0 0
事業用資産納税猶予税額	⑲	0 0
申告期限までに納付すべき税額（⑭－⑮－⑯－⑰－⑱－⑲）	⑳	90 000
差引税額の合計額（納付すべき税額）の増加額	㉑	
申告期限までに納付すべき税額の増加額	㉒	

作成税理士の事務所所在地・署名・電話番号

☐ 税理士法第30条の書面提出有
☐ 税理士法第33条の2の書面提出有

通信日付印／確認者

（資5－10－1－1－A4統一）（令3.10）

令和 4 年分贈与税の申告書 （住宅取得等資金の非課税の計算明細書）　　FD4747

	受贈者の氏名　FP 花子

第一表の二（令和4年分用）（第一表の二は、必要な添付書類とともに申告書第一表と一緒に提出してください。）

提出用

次の住宅取得等資金の非課税の適用を受ける人は、□の中にレ印を記入してください。

☑ 私は、租税特別措置法第70条の2第1項の規定による住宅取得等資金の非課税の適用を受けます。(注1)

（単位：円）

住宅取得等資金の非課税分

贈与者の住所・氏名（フリガナ）・申告者との続柄・生年月日		取得した財産の所在場所等	住宅取得等資金を取得した年月日 住宅取得等資金の金額	
住所　東京都千代田区●●町○丁目△番□号		○×銀行 △△支店 0000000	令和 04 年 09 月 03 日	
フリガナ　エフピー　サブロウ			1 2 0 0 0 0 0 0	
氏名　FP 三郎	続柄 1　父1・母2 祖父3・祖母4 上記以外5		令和　年　月　日	
生年月日 3 1 0 1 1 30　明治1・大正2・昭和3・平成4	住宅取得等資金の合計額 ㉜		1 2 0 0 0 0 0 0	

贈与者の住所・氏名（フリガナ）・申告者との続柄・生年月日		取得した財産の所在場所等	住宅取得等資金を取得した年月日 住宅取得等資金の金額	
住所			令和　年　月　日	
フリガナ				
氏名	続柄　父1・母2 祖父3・祖母4 上記以外5		令和　年　月　日	
生年月日　明治1・大正2・昭和3・平成4	住宅取得等資金の合計額 ㉝			

非課税限度額の計算

住宅資金非課税限度額（注2）	新築・取得・増改築等に係る契約年月日	平成 令和	年　月　日	㉞	
平成27年分から令和2年分までの贈与の申告で非課税の適用を受けた金額（注3）				㉟	
住宅資金非課税限度額の残額（㉞-㉟）				㊱	
特別住宅資金非課税限度額（注2）	新築・取得・増改築等に係る契約年月日	平成 令和	04 年 08 月 01 日	㊲	1 0 0 0 0 0 0 0
令和元年分及び令和2年分の贈与の申告で非課税の適用を受けた金額（注3）				㊳	
特別住宅資金非課税限度額の残額（㊲-㊳）				㊴	1 0 0 0 0 0 0 0

贈与税の非課税の適用を受ける金額の計算

㉜のうち非課税の適用を受ける金額	㊵	1 0 0 0 0 0 0 0
㉝のうち非課税の適用を受ける金額	㊶	
非課税の適用を受ける金額の合計額（㊵+㊶）（㊱の金額と㊴の金額の合計額を限度とします。）	㊷	1 0 0 0 0 0 0 0

贈与税の課税価格

㉜のうち課税価格に算入する金額（㉜-㊵）（㉜に係る贈与者の「財産の価額」欄（申告書第一表又は第二表）にこの金額を転記します。）	㊸	2 0 0 0 0 0 0
㉝のうち課税価格に算入する金額（㉝-㊶）（㉝に係る贈与者の「財産の価額」欄（申告書第一表又は第二表）にこの金額を転記します。）	㊹	

不動産番号等の明細

新築・取得・増改築をした住宅用の家屋等の登記事項証明書等に記載されている13桁の不動産番号等を記入してください。
※不動産番号等の記載されている書類の写しを添付した場合には下記の記入を省略することができます。

不動産の種別	所在は及び家屋番号地番	不動産番号
□土地 □建物		
□土地 □建物		
□土地 □建物		

(注1)　住宅取得等資金の非課税の適用を受ける人で、令和3年分の所得税及び復興特別所得税の確定申告書を提出した人は次の欄を記入し、提出していない人は合計所得金額を明らかにする書類を贈与税の申告書に添付する必要があります（令和3年分の所得税に係る合計所得金額が2,000万円超（新築若しくは取得又は増改築等をした住宅用の家屋の床面積が50㎡未満である場合は1,000万円超）の場合には、住宅取得等資金の非課税の適用を受けることができません。

所得税及び復興特別所得税の確定申告書を提出した年月日	・　・	提出した税務署	○○ 税務署

(注2)　非課税限度額については、申告書第一表の二（控用）の裏面をご参照ください。

(注3)　非課税の適用を受けた金額については、申告書第一表の二（控用）の裏面をご参照ください。

(注4)　住宅取得等資金の非課税又は住宅取得等資金の贈与を受けた場合の相続時精算課税選択の特例（以下、これらを「住宅取得等資金の贈与の特例」といいます。）の適用を受ける人が、所得税の（特定増改築等）住宅借入金等特別控除の適用を受ける場合には、（特定増改築等）住宅借入金等特別控除額の計算上、住宅の取得等又は住宅の増改築等の対価等の額から住宅取得等資金の贈与の特例の適用を受けた部分の金額を差し引く必要がありますのでご注意ください。

＊ 税務署整理欄	整理番号		名簿		確認	

＊ 欄には記入しないでください。

（資5-10-1-3-A4統一）（令3.10）

令和 ０４ 年分（特定増改築等）住宅借入金等特別控除額の計算明細書　 F A 4 0 2 4

一面　提出用

○この明細書は、申告書と一緒に提出してください。

1 住所及び氏名

住所	郵便番号　000-0000　大阪府大阪市中央区●●町○丁目△番ロ号　電話番号（　　　）		整理番号	
		（共有者の氏名）※共有の場合のみ書いてください。		
フリガナ	エフピー ハナコ	フリガナ　エフピー タロウ	フリガナ	
氏名	FP 花子	氏名　FP 太郎	氏名	

2 新築又は購入した家屋等に係る事項

		家屋に関する事項	土地等に関する事項
居住開始年月日	⑦ 平成・令和	04.12.15	㋜ 平成・令和
契約日・契約区分 区分	⑦ 平成・令和	04.08.01	
補助金等控除前の取得対価の額	⑨	38500000	㋘ 11500000
交付を受ける補助金等の額	⑩		㋙
取得対価の額（⑨-⑩、㋘-㋙）	⑪	38500000	㋚ 11500000
総（床）面積※小数点以下第2位まで書きます。	㋕	150.00	㋛ 190.00
うち居住用部分の（床）面積	㋖	150.00	㋜ 190.00
不動産番号 家屋		土地	

3 増改築等をした部分に係る事項

居住開始年月日	㋜ 平成・令和
契約日	㋟ 平成・令和
補助金等控除前の増改築等の費用の額	㋠
交付を受ける補助金等の額	㋡
増改築等の費用の額（㋠-㋡）	㋢
㋢のうち居住用部分の金額	㋣
増改築等をした家屋の総床面積	㋤

4 家屋や土地等の取得対価の額

		Ⓐ 家 屋	Ⓑ 土地等	Ⓒ 合 計	Ⓓ 増改築等
あなたの共有持分 ※共有の場合のみ書いてください。	①	1 / 2	1 / 2		
（㋔・㋚・㋢）×① ※共有でない場合は、㋔、㋚、㋢の金額を書きます。	②	㋥（㋔×Ⓐの①）19250000	㋦（㋚×Ⓑの①）5750000	Ⓐの②+Ⓑの②又は（Ⓑの②+Ⓓの②）25000000	㋧（㋢×Ⓓの①）
住宅取得等資金の贈与の特例を受けた金額等	③	7700000	2300000	10000000	
あなたの持分に係る取得対価の額等（②-③）	④	11550000	3450000	15000000	

5 家屋の取得対価の額又は増改築等の費用の額に課されるべき消費税額等に関する事項

なし又は5%	8%	10%	税率が10%の場合に、⑤に含まれる消費税額及び地方消費税額の合計額（契約書等に記載された消費税額）	円

6 新型コロナウイルスの影響による入居遅延

あり

7 居住用部分の家屋又は土地等に係る住宅借入金等の年末残高

		Ⓔ 住宅のみ	Ⓕ 土地等のみ	Ⓖ 住宅及び土地等	Ⓗ 増改築等
新築、購入及び増改築等に係る住宅借入金等の年末残高	⑤			13000000	円
連帯債務に係るあなたの負担割合（付表）の⑭の割合）※連帯債務がない場合には、100.00%と書きます。	⑥			100.00	％
住宅借入金等の年末残高（（付表）の⑯の金額）※連帯債務がない場合には、⑤の金額を書きます。	⑦			13000000	円
④と⑦のいずれか少ない方の金額	⑧			13000000	
居住用割合 ※90%以上であるときには、100.0%と書きます。	⑨	㋔÷㋔ 100.0	㋚÷㋚ 100.0	100.0	㋢÷㋢
居住用部分に係る住宅借入金等の年末残高（⑧×⑨）	⑩			13000000	
住宅借入金等の年末残高の合計額（Ⓔの⑩+Ⓕの⑩+Ⓖの⑩+Ⓗの⑩）※ ⑪の金額を二面の「住宅借入金等の年末残高の合計額⑪」欄に転記します。	⑪				13000000

8 特定の増改築等に係る事項 （特定増改築等住宅借入金等特別控除の適用を受ける場合のみ書いてください。）

次の⑫欄から⑮欄に補助金等控除後の金額を書いてください。これらの金額が50万円を超えるときに特定増改築等住宅借入金等特別控除の適用を受けることができます。詳しくは、控用の裏面を参照してください。	⑫ 高齢者等居住改修工事等の費用の額	⑬ 断熱改修工事等の費用の額	⑭ 特定断熱改修工事等の費用の額	⑮ 特定多世帯同居改修工事等の費用の額
⑯ 特定耐久性向上改修工事等の費用の額	⑰ 特定の増改築等工事の費用の合計額（⑫+⑭+⑮+⑯）	⑱ あなたの持分に係る特定の増改築等の金額（⑰又は⑰×Ⓓの①）	特定増改築等住宅借入金等、特定断熱改修住宅借入金等又は特定多世帯同居改修住宅借入金等の年末残高（⑤と⑱のいずれか少ない方の金額。ただし、その金額が250万円（ただし、その地方税等特定多世帯同居改修工事等に係るものを除きます）が特定限度額（第二回参照）に該当しない場合は、最高200万円）	⑲

9 （特定増改築等）住宅借入金等特別控除額

（特定増改築等）住宅借入金等特別控除額 ※ 二面の該当する番号及び金額を転記します。	番号	⑳ 91000

※次に該当する場合に、書いてください。

同一年中に8％及び10％の消費税率が含まれる家屋の取得等又は増改築等をした場合は、右の欄に⑨をした上で、10％に係る部分の金額等を書いてください。	家屋:1 増改築等:2 同一年中取得	⑳ ㋔又は㋚の金額（10％に係る部分のみ）		重複適用（の特例）を受ける場合は、右の該当する文字に○をした上で、二面の㉔の金額を転記してください。	重複適用 重複適用の特例	
		㉒ ④の㋔又は㋚の金額（10％に係る部分のみ）	円		㉓	00

10 控除証明書の交付を要しない場合

翌年分以後に年末調整でこの控除を受けるための、控除証明書の交付を要しない方は、右の「要しない」の文字を○で囲んでください。	要しない	整理欄	登家 登土 契家 契土 証 付 B A C 住民 台帳番号・一連番号

○この明細書の書き方については、控用の裏面を参照してください。 ○住宅借入金等に連帯債務がある場合には、併せて付表を使用します。

令和04年分 （特定増改築等）住宅借入金等特別控除額の計算

次の該当する算式のうち、いずれか一の算式により計算します。

氏名　**FP　花子**

住宅借入金等の年末残高の合計額　※　一面の⑪の金額を転記します。		⑪	13,000,000 円

二面　提出用　○　二面は一面と一緒に提出してください。

番号	居住の用に供した日等			算式等	（特定増改築等）住宅借入金等特別控除額（100円未満の端数切捨て）	番号	居住の用に供した日等			算式等	（特定増改築等）住宅借入金等特別控除額（100円未満の端数切捨て）
1			住宅の取得等が（特例）特別特例取得に該当するとき	⑪×0.01=⑳	（最高40万円） 00	8	高齢者等居住改修工事等に係る特定増改築等住宅借入金等特別控除を選択した場合	平成30年1月1日から令和3年12月31日までの間に居住の用に供した場合	住宅の増改築等が特定取得に該当するとき 住宅の金額（最高1,000万円） ……ⓐ（　　　） ⑯の金額（　　　）×0.02 ＋（ⓐ−⑲）×0.01=⑳		（最高12万5千円） 00
2	住宅借入金等特別控除の適用を受ける場合（3から1のいずれかを選択する場合を除きます。）	令和4年中に居住の用に供した場合	新築住宅又は買取再販住宅に該当するとき	⑪×0.007=⑳	（最高21万円） 91,000 00				住宅の増改築等が特定取得に該当しないとき ⑪の金額（最高1,000万円） ⑯の金額（　　　）×0.02 ＋（ⓐ−⑲）=⑳		（最高12万円） 00
			中古住宅に該当するとき	⑪×0.007=⑳	（最高14万円） 00	9	断熱改修工事等に係る特定増改築等住宅借入金等特別控除を選択した場合	平成30年1月1日から令和3年12月31日までの間に居住の用に供した場合	住宅の増改築等が特定取得に該当するとき 住宅の金額（最高1,000万円） ……ⓐ（　　　） ⑯の金額（　　　）×0.02 ＋（ⓐ−⑲）×0.01=⑳		（最高12万5千円） 00
		平成26年1月1日から令和3年12月31日までの間に居住の用に供した場合	住宅の取得等が（特別）特定取得に該当するとき	⑪×0.01=⑳	（最高40万円） 00						
			住宅の取得等が（特別）特定取得に該当しないとき	⑪×0.01=⑳	（最高20万円） 00				住宅の増改築等が特定取得に該当しないとき ⑪の金額（最高1,000万円） ⑯の金額（　　　）×0.02 ＋（ⓐ−⑲）=⑳		（最高12万円） 00
		平成25年中に居住の用に供した場合		⑪×0.01=⑳	（最高20万円） 00						
3	住宅借入金等特別控除の控除額の特例を選択した場合	平成20年中に居住の用に供した場合		⑪×0.004=⑳	（最高8万円） 00	10	多世帯同居改修工事等に係る特定増改築等住宅借入金等特別控除を選択した場合	平成30年1月1日から令和3年12月31日までの間に居住の用に供した場合 住宅の金額（最高1,000万円） ……ⓐ（　　　） ⑯の金額（　　　）×0.02 ＋（ⓐ−⑲）×0.01=⑳			（最高12万5千円） 00
4		令和4年中に居住の用に供した場合	住宅の取得等が（特例）特別特例取得に該当するとき	⑪×0.01=⑳	（最高50万円） 00						
5	認定住宅等の新築等に係る住宅借入金等特別控除の特例を選択した場合		新築住宅又は買取再販住宅に該当するとき	⑪×0.007=⑳	（最高35万円） 00	11	震災特例法の住宅の再取得等に係る住宅借入金等特別控除の控除額の特例を選択した場合	令和4年中に居住の用に供した場合	住宅の取得等が（特例）特別特例取得に該当するとき	⑪×0.012=⑳	（最高60万円） 00
			中古住宅に該当するとき	⑪×0.007=⑳	（最高21万円） 00				新築住宅又は買取再販住宅に該当するとき	⑪×0.009=⑳	（最高45万円） 00
		平成26年1月1日から令和3年12月31日までの間に居住の用に供した場合	住宅の取得等が（特別）特定取得に該当するとき	⑪×0.01=⑳	（最高50万円） 00				中古住宅又は増改築に該当するとき	⑪×0.009=⑳	（最高27万円） 00
			住宅の取得等が（特別）特定取得に該当しないとき	⑪×0.01=⑳	（最高30万円） 00	12		平成26年4月1日から令和3年12月31日までの間に居住の用に供した場合		⑪×0.012=⑳	（最高60万円） 00
		平成25年中に居住の用に供した場合		⑪×0.01=⑳	（最高30万円） 00			平成25年1月1日から平成26年3月31日までの間に居住の用に供した場合		⑪×0.012=⑳	（最高36万円） 00
6	認定住宅等がZEH水準省エネ住宅に該当するとき（※4）	令和4年中に居住の用に供した場合	新築住宅又は買取再販住宅に該当するとき	⑪×0.007=⑳	（最高31万5千円） 00						
			中古住宅に該当するとき	⑪×0.007=⑳	（最高21万円） 00						
7	認定住宅等が省エネ基準適合住宅に該当するとき（※4）	令和4年中に居住の用に供した場合	新築住宅又は買取再販住宅に該当するとき	⑪×0.007=⑳	（最高28万円） 00						
			中古住宅に該当するとき	⑪×0.007=⑳	（最高21万円） 00						

（再び居住の用に供したことに係る事項）

転居年月日		年　月　日	再居住開始年月日		年　月　日
居住の用に供していない期間の家屋の用途	□ 賃貸の用 □ 空家	年　月　日～ □ その他（	年　月　日		）
その家屋に係る（特定増改築等）住宅借入金等特別控除の適用	【再び居住の用に供した場合の再適用】 □ 再び居住の用に供したことにより、（特定増改築等）住宅借入金等特別控除の再適用を受ける		【再び居住の用に供した場合の適用】 □ 再び居住の用に供したことにより、初めてその家屋に係る（特定増改築等）住宅借入金等特別控除の適用を受ける		

※1　⑳欄の金額を一面の⑳欄に転記します。

※2　⑳欄の括弧内の金額は、居住の用に供した日の属する年における住宅の取得等又は住宅の増改築等に係る控除限度額となります。

※3　（特例）特別特例取得及び（特別）特定取得については、控用の裏面の「用語の説明」を参照してください。

※4　「ZEH水準省エネ住宅」又は「省エネ基準適合住宅」に該当し、（特例）特別特例取得に該当する場合は、番号「1」の「住宅の取得等が（特例）特別特例取得に該当するとき」欄にて計算してください。

※5　「（再び居住の用に供したことに係る事項）」欄は、再居住の特例の適用を受ける方が、転居年月日や再居住開始年月日などを記載します。

○　**重複適用又は震災特例法の重複適用の特例を受ける場合**

二以上の住宅の取得等又は住宅の増改築等に係る住宅借入金等の金額がある場合（これらの住宅の取得等又は住宅の増改築等が同一の年に属するもので、上記の表で同一の一欄を使用して計算する場合を除きます。）には、その住宅の取得等又は住宅の増改築等ごとに（特定増改築等）住宅借入金等特別控除額の計算明細書を作成し、その作成した各明細書の⑳欄の金額の合計額を最も新しい住宅の取得等又は住宅の増改築等に係る明細書の㉓欄に記載します。

重複適用を受ける場合	各明細書の控除額（⑳の金額）の合計額（住宅の取得等又は住宅の増改築等に係る控除限度額のうち最も高い控除限度額が限度となります。）を記載します。	㉓	円 0 0
震災特例法の重複適用の特例を受ける場合	各明細書の控除額（⑳の金額）の合計額を記載します。	㉓	円 0 0

※　㉓欄の金額を一面の㉓欄に転記します。

○　**不動産番号が第一面に書ききれない場合**

(1) ☐☐☐☐☐☐☐☐☐☐☐☐☐

(2) ☐☐☐☐☐☐☐☐☐☐☐☐☐

(3) ☐☐☐☐☐☐☐☐☐☐☐☐☐

(4) ☐☐☐☐☐☐☐☐☐☐☐☐☐

※（特定増改築等）住宅借入金等特別控除の対象となる家屋や土地が複数ある場合で、第一面の「不動産番号」欄に書ききれない家屋や土地の不動産番号を記載します。

事例6　住宅取得等資金に係る相続時精算課税を選択した場合

「住宅取得等資金に係る相続時精算課税」を選択した場合の贈与税の申告書の記入の仕方は、以下のとおりです。

（1）申告書作成の前提条件

FP太郎さんが平成3年に新築住宅を取得するに際して、父から住宅取得等資金の贈与を受け、相続時精算課税を選択することにしました。このときの【前提条件】は、次のとおりです。

●前提条件●

- ●令和4年3月1日にFP太郎さん（平成5年10月15日生）は、3,000万円で省エネ等住宅の新築に係る契約を締結（家屋に係る消費税等の税額は10%）した。
- ●FP太郎さんは父（FP三郎）から令和4年8月1日に新築住宅を取得するための金銭3,500万円を贈与により取得した。
- ●令和4年10月1日に新築住宅を居住の用に供している。
- ●FP太郎さんは住宅取得等資金に係る相続時精算課税を選択し、令和4年分の贈与税の申告納付をした。
- ●その他の要件は充たしているものとする。

【贈与税額の計算】

- ●父のFP三郎さん（年齢制限なし）は、直系尊属である推定相続人FP太郎さん（令和4年1月1日現在で29歳）に令和4年12月31日までに住宅取得等資金を贈与している。
- ●FP太郎さんは、令和3年4月1日から令和4年3月31日までに住宅用家屋の取得等に係る契約を締結している。
- ●贈与を受けた翌年3月15日までにその金銭の全額を住宅新築のために充て、居住の用に供していることから、住宅取得等資金の非課税の特例の非課税限度額は1,000万円、住宅取得等資金に係る相続時精算課税選択の特例の非課税限度額は2,500万円となる。
- ●（3,000万円－1,000万円－2,000万円）×20%＝0円が、令和4年分の贈与税額になる。

（2）申告書の記入の仕方

FP太郎さんが「住宅取得等資金の非課税の特例」の適用を受けるために作成する所得税の確定申告書は。次頁以下のように記入します。

コメント　事例6 に関する解説は、51頁をご覧ください。

令和5年2月16日提出　○○税務署長

令和 04 年分贈与税の申告書（兼贈与税の額の計算明細書）　FD4729

第一表（令和4年分以降用）

提出用

住所	〒000-0000（電話　-　-　）大阪府大阪市中央区●●町○丁目△番□号
フリガナ	エフピー　タロウ
氏名	FP太郎
生年月日	4 05 10 15　職業　会社員

明治① 大正② 昭和③ 平成④ 令和⑤

税務署整理欄（記入しないでください。）
整理番号／名簿／補完／事案／申告書提出年月日／災害等延長年月日／出国年月日／死亡年月日／財産細目コード／短期・処理・訂正・住医分／確認・閲覧区分・修正・枚数

私は、租税特別措置法第70条の2の5第1項又は第3項の規定による直系尊属から贈与を受けた場合の贈与税の税率（特例税率）の特例の適用を受けます。

i 特例贈与財産分
I 暦年課税分

特例贈与財産の価額の合計額（課税価格）　①

ii 一般贈与財産分
一般贈与財産の価額の合計額（課税価格）　②

配偶者控除額（最高2,000万円）　③

【合計欄】

暦年課税分（③の控除後の課税価格）

区分	項目	金額
I	暦年課税分の課税価格の合計額（①+（②-③））④	
	基礎控除額 ⑤	1100000
	⑤の控除後の課税価格（④-⑤）⑥	000
	⑥に対する税額 ⑦	
	外国税額の控除額 ⑧	
	医療法人持分税額控除額 ⑨	
	差引税額（⑦-⑧-⑨）⑩	
II 相続時精算課税分	相続時精算課税分の課税価格の合計額 ⑪	20000000
	相続時精算課税分の差引税額の合計額 ⑫	0

項目	金額（単位：円）
課税価格の合計額（①+②+⑪）⑬	20000000
差引税額の合計額（納付すべき税額）（⑩+⑫）⑭	00
III 合計 農地等納税猶予税額 ⑮	00
株式等納税猶予税額 ⑯	00
特例株式等納税猶予税額 ⑰	00
医療法人持分納税猶予税額 ⑱	00
事業用資産納税猶予税額 ⑲	00
申告期限までに納付すべき税額（⑭-⑮-⑯-⑰-⑱-⑲）⑳	00
この申告書が修正申告書である場合　差引税額の合計額（納付すべき税額の増加額）㉑	00
申告期限までに納付すべき税額の増加額 ㉒	00

作成税理士の事務所所在地・署名・電話番号
□ 税理士法第30条の書面提出有
□ 税理士法第33条の2の書面提出有
通信日付印／確認者

（資5-10-1-1-A4統一）（令3.10）

令和4年分贈与税の申告書 (住宅取得等資金の非課税の計算明細書)　FD4747

受贈者の氏名　FP 太郎

第一表の二（令和4年分用）（第一表の二は、必要な添付書類とともに申告書第一表と一緒に提出してください。）

提出用

次の住宅取得等資金の非課税の適用を受ける人は、□の中にレ印を記入してください。

☑ 私は、租税特別措置法第70条の2第1項の規定による住宅取得等資金の非課税の適用を受けます。(注1)

(単位：円)

贈与者の住所・氏名（フリガナ）・申告者との続柄・生年月日	取得した財産の所在場所等	住宅取得等資金を取得した年月日／住宅取得等資金の金額
住所 東京都千代田区●●町〇丁目△番□号		令和 04年 08月 01日
フリガナ エフピー サブロウ		30000000 0
氏名 FP 三郎　続柄 1 ←父1、母2、祖父3、祖母4、上記以外5		令和　年　月　日
生年月日 3 40 02 01 明治1、大正2、昭和3、平成4 住宅取得等資金の合計額 ㉜		30000000 0

贈与者の住所・氏名（フリガナ）・申告者との続柄・生年月日	取得した財産の所在場所等	住宅取得等資金を取得した年月日／住宅取得等資金の金額
住所		令和　年　月　日
フリガナ		
氏名　続柄 ←父1、母2、祖父3、祖母4、上記以外5		令和　年　月　日
生年月日　明治1、大正2、昭和3、平成4 住宅取得等資金の合計額 ㉝		

住宅取得等資金の非課税分

非課税限度額の計算	住宅資金非課税限度額(注2)　新築・取得・増改築等に係る契約年月日 平成/令和　年　月　日 ㉞	
	平成27年分から令和2年分までの贈与の申告で非課税の適用を受けた金額(注3) ㉟	
	住宅資金非課税限度額の残額 (㉞−㉟) ㊱	
	特別住宅資金非課税限度額(注2)　新築・取得・増改築等に係る契約年月日 平成/令和 04年 03月 01日 ㊲	100000000
	令和元年分及び令和2年分の贈与税の申告で非課税の適用を受けた金額 (注3) ㊳	
	特別住宅資金非課税限度額の残額 (㊲−㊳) ㊴	100000000
贈与者別の非課税／受ける金額の計算	㉜のうち非課税の適用を受ける金額 ㊵	100000000
	㉝のうち非課税の適用を受ける金額 ㊶	
	非課税の適用を受ける金額の合計額 (㊵+㊶)（㊱の金額と㊴の金額の合計額を限度とします。） ㊷	100000000
課税価格に算入される金額	㉜のうち課税価格に算入される金額 (㉜−㊵)（㉜に係る贈与者の「財産の価額」欄（申告書第一表又は第二表）にこの金額を転記します。） ㊸	200000000
	㉝のうち課税価格に算入される金額 (㉝−㊶)（㉝に係る贈与者の「財産の価額」欄（申告書第一表又は第二表）にこの金額を転記します。） ㊹	

不動産番号等の明細

新築・取得・増改築等をした住宅用の家屋等の登記事項証明書等に記載されている13桁の不動産番号等を記入してください。
※不動産番号等の記載されている書類の写しを添付した場合には下記の記入を省略することができます。

不動産の種別	所在又は家屋番号地番	不動産番号
□土地 □建物		
□土地 □建物		
□土地 □建物		

(注1) 住宅取得等資金の非課税の適用を受ける人で、令和3年分の所得税及び復興特別所得税の確定申告書を提出した人は次の欄を記入し、提出していない人は合計所得金額を明らかにする書類を贈与税の申告書に添付する必要があります（令和3年分の所得税に係る合計所得金額が2,000万円超（新築若しくは取得又は増改築等をした住宅用の家屋の床面積が50㎡未満である場合は1,000万円超）の場合には、住宅取得等資金の非課税の適用を受けることができません。）。

| 所得税及び復興特別所得税の確定申告書を提出した年月日　・　・　提出した税務署　　税務署 |

(注2) 非課税限度額については、申告書第一表の二（控用）の裏面をご参照ください。

(注3) 非課税の適用を受けた金額については、申告書第一表の二（控用）の裏面をご参照ください。

(注4) 住宅取得等資金の非課税又は住宅取得等資金の贈与を受けた場合の相続時精算課税選択の特例(以下、これらを「住宅取得等資金の贈与の特例」といいます。)の適用を受ける人が、所得税の(特定増改築等)住宅借入金等特別控除の適用を受ける場合には、(特定増改築等)住宅借入金等特別控除額の計算上、住宅の取得等又は住宅の増改築等の対価等の額から住宅取得等資金の贈与の特例の適用を受けた部分の金額を差し引く必要がありますのでご注意ください。

| ＊ 税務署整理欄　整理番号　　　名簿　　　確認 |

＊欄には記入しないでください。

(資5−10−1−3−A4統一)（令3.10）

令和 04 年分贈与税の申告書 （相続時精算課税の計算明細書）　　FD4736

| | 受贈者の氏名 | FP 太郎 |

第二表 （令和4年分以降用）（第二表は、必要な添付書類とともに申告書第一表と一緒に提出してください。）

提出用

次の特例の適用を受ける場合には、□の中にレ印を記入してください。

☑ 私は、租税特別措置法第70条の3第1項の規定による**相続時精算課税選択の特例**の適用を受けます。
（単位：円）

特定贈与者の住所・氏名(フリガナ)・申告者との続柄・生年月日		種　類	細　目	利用区分・銘柄等	財産を取得した年月日			
○フリガナの濁点(゛)や半濁点(゜)は一字分とし、姓と名の間は一字空けて記入してください。		所　在　場　所　等			財　産　の　価　額			
					数　量	単　価	固定資産税評価額	倍　数

相続時精算課税分

左の特定贈与者から取得した財産の明細		現金、預貯金等	現金、預貯金等	住宅取得等資金	令和 04 年 08 月 01 日			
住所 東京都千代田区●●町○丁目△番□号						20000000	円	倍
		申告書第一表の二のとおり			令和　　年　　月　　日		円	倍
フリガナ エフピー　サブロウ							円	倍
氏名 FP 三郎					令和　　年　　月　　日			
続柄 1　父 1、母 2、祖父 3 祖母 4、1〜4以外 5					令和　　年　　月　　日		円	倍
生年月日 3 40.02.01 明治 1、大正 2、昭和 3、平成 4								

財産の価額の合計額 （課税価格）	㉓	20000000
特別控除額の計算	過去の年分の申告において控除した特別控除額の合計額 （最高2,500万円）	㉔	0
	特別控除額の残額 （2,500万円−㉔）	㉕	25000000
	特別控除額 （㉓の金額と㉕の金額のいずれか低い金額）	㉖	20000000
	翌年以降に繰り越される特別控除額 （2,500万円−㉔−㉖）	㉗	5000000
税額の計算	㉖の控除後の課税価格 （㉓−㉖）【1,000円未満切捨て】	㉘	000
	㉘に対する税額 （㉘×20％）	㉙	00
	外国税額の控除額 （外国にある財産の贈与を受けた場合で、外国の贈与税を課せられたときに記入します。）	㉚	
	差引税額 （㉙−㉚）	㉛	0

上記の特定贈与者からの贈与により取得した財産に係る過去の相続時精算課税分の贈与税の申告状況	申告した税務署名	控除を受けた年分	受贈者の住所及び氏名 （「相続時精算課税選択届出書」に記載した住所・氏名と異なる場合にのみ記入します。）
	署	平成 令和　　年分	
	署	平成 令和　　年分	
	署	平成 令和　　年分	
	署	平成 令和　　年分	

┗‥‥ (注) 上記の欄に記入しきれないときは、適宜の用紙に記載し提出してください。

◎ 上記に記載された特定贈与者からの贈与について初めて相続時精算課税の適用を受ける場合には、申告書第一表及び第二表と一緒に「相続時精算課税選択届出書」を必ず提出してください。なお、同じ特定贈与者から翌年以降財産の贈与を受けた場合には、「相続時精算課税選択届出書」を改めて提出する必要はありません。

＊ 税務署整理欄	整理番号		名簿		届出番号	−	
	財産細目コード				確認		

＊ 欄には記入しないでください。

（資5−10−2−1−Ａ4統一）（令3.10）

事例7 「贈与税の配偶者控除」の適用を受ける場合

「贈与税の配偶者控除」の適用を受ける場合の贈与税申告書の記入の仕方は、以下のとおりです。

（1）申告書作成の前提条件

FP花子さんが「贈与税の配偶者控除」の適用を受ける場合の【前提条件】は、次のとおりです。

●前提条件●

- ●婚姻期間が21年になる妻FP花子さんは夫FP太郎さんから令和4年3月1日に居住用不動産を取得するための金銭2,500万円を贈与により取得した。
- ●令和4年4月1日にFP花子さんは、自己手持資金500万円と併せて3,000万円で居住用不動産（土地：1,800万円、建物1200円）を取得した。
- ●FP花子さんは、令和4年6月1日に取得した居住用不動産を居住の用に供し、その後も引き続き居住の用に供している。

【贈与税額の計算】

- ●婚姻期間20年以上である配偶者(夫のFP太郎さん)から令和4年中に居住用不動産を取得するための金銭を贈与により取得し、令和5年3月15日までに居住の用に供していることから、贈与税の配偶者控除は2,000万円になります。
- ●（2,500万円－2,000万円－110万円）×20％－25万円＝53万円が令和4年分の贈与税額になります。

（2）申告書の記入の仕方

FP花子さんが、「贈与税の配偶者控除」の適用を受けるために作成する贈与税申告書は、次頁のように記入します。

 コメント　事例7 に関する解説は、60頁をご覧ください。

令和 04 年分贈与税の申告書 (兼贈与税の額の計算明細書)　　　　　FD4729

○○税務署長　令和 5 年 2 月 16 日提出

第一表　〈令和4年分以降用〉

提出用

住所　〒000-0000　（電話　　-　　-　　）
大阪府大阪市中央区●●町○丁目△番□号

フリガナ　エフピー　ハナコ
氏名　FP 花子

明治① 大正② 昭和③ 平成④ 令和⑤

個人番号又は法人番号　○○○○○○○○○○○○

生年月日　3 43 02 01　職業　会社員

税務署整理欄（記入しないでください。）

整理番号　　　　名簿
補完
申告書提出年月日　　財産細目コード　短期処理　確認
災害等延長年月日
出国年月日　　　　訂正　修正
死亡年月日　　　　作成分　枚数　閲覧等分

私は、租税特別措置法第70条の2の5第1項又は第3項の規定による直系尊属から贈与を受けた場合の贈与税の税率（特例税率）の特例の適用を受けます。

Ⅰ 暦年課税分

i 特例贈与財産分

贈与者の住所・氏名（フリガナ）・申告者との続柄・生年月日
（フリガナの濁点（゛）や半濁点（゜）は一字空けとし、姓と名の間は一字空けて記入してください。）

特例贈与財産の価額の合計額（課税価格）　①

ii 一般贈与財産分

住所　大阪府大阪市中央区●●町○丁目△番□号
フリガナ　エフピー　タロウ
氏名　FP 太郎　続柄 6（父母祖父母以外）
生年月日　3 40 10 15

種類　現金、預貯金等　細目　現金　利用区分・銘柄等　現金
財産を取得した年月日　令和 04 年 03 月 01 日
数量・単価・固定資産税評価額・倍数
価額（単位：円）　25 000 000

一般贈与財産の価額の合計額（課税価格）　②　25 000 000

配偶者控除額　✓ 私は、今回の贈与者からの贈与について、初めて贈与税の配偶者控除の適用を受けます。（最高2,000万円）　③　20 000 000
（25,000,000）

【合計欄】

暦年課税分　　　　　　　　　　　　　　　　　　　　　　　　　（単位：円）

項目		金額	項目		金額
暦年課税分の課税価格の合計額（①+(②-③)）	④	5 000 000	課税価格の合計額（①+②+⑪）	⑬	25 000 000
基礎控除額	⑤	1 100 000	差引税額の合計額（納付すべき税額）（⑩+⑫）	⑭	530 000
⑤の控除後の課税価格（④-⑤）	⑥	3 900 000	農地等納税猶予税額	⑮	00
⑥に対する税額	⑦	530 000	株式等納税猶予税額	⑯	00
外国税額の控除額	⑧		特例株式等納税猶予税額	⑰	00
医療法人持分税額控除額	⑨		医療法人持分納税猶予税額	⑱	00
差引税額（⑦-⑧-⑨）	⑩	530 000	事業用資産納税猶予税額	⑲	00
相続時精算課税分の課税価格の合計額（特定贈与者ごとの第二表の⑨の金額の合計額）	⑪		申告期限までに納付すべき税額（⑭-⑮-⑯-⑰-⑱-⑲）	⑳	530 000
相続時精算課税分の差引税額の合計額（特定贈与者ごとの第二表の㉓の金額の合計額）	⑫		差引税額の合計額（納付すべき税額）の増加額	㉑	00
			申告期限までに納付すべき税額の増加額	㉒	00

この申告書が修正申告書である場合

作成税理士の事務所所在地・署名・電話番号

□ 税理士法第30条の書面提出有
□ 税理士法第33条の2の書面提出有

通信日付印
確認者

（資5-10-1-1-A4統一）（令3.10）

【参考資料】不動産に係る各種税金の速算表

所得税の速算表 （税額の求め方＝Ａ×Ｂ－Ｃ）

課税される所得金額　Ａ		税率	控除額	課税される所得金額　Ａ		税率	控除額
超	以下	Ｂ	Ｃ	超	以下	Ｂ	Ｃ
195万円以下		5%	0円	900万円	1,800万円	33%	1,536,000円
195万円	330万円	10%	97,500円	1,800万円	4,000万円	40%	2,796,000円
330万円	695万円	20%	427,500円	4,000万円超		45%	4,796,000円
695万円	900万円	23%	636,000円				

※平成25年から令和19年までの各年分においては、上記速算表で計算した「所得税額×2.1%」の復興特別所得税が別途生じる。

★住民税の税率（一律10%）　税額の求め方　＝　課税される所得金額　×　10%

給与所得控除額の速算表 （給与所得＝給与の収入金額－給与所得控除額）

給与の収入金額Ⓐ		給与所得控除額
	162.5万円以下	550,000円
162.5万円超	180万円以下	Ⓐ×40%－　100,000円
180万円超	360万円以下	Ⓐ×30%＋　 80,000円
360万円超	660万円以下	Ⓐ×20%＋　440,000円
660万円超	850万円以下	Ⓐ×10%＋1,100,000円
850万円超		1,950,000円

※介護・子育て世帯の場合（所得金額調整控除）
給与収入が850万円を越える給与所得者で、下記の①～③のいずれかに該当する者は、給与所得の金額から、次の算式で計算した金額を控除する。

{給与等の収入金額（上限1,000万円）－850万円}　×10%

①本人が特別障害者
②23歳未満の扶養親族を有する者
③特別障害者である同一生計配偶者または扶養親族を有する者

公的年金等控除額の速算表

（公的年金等の雑所得・・・その年中の公的年金等の収入金額－公的年金等控除額）

受給者の年齢	公的年金等の収入金額Ⓐ		公的年金等控除額		
			公的年金等に係る雑所得以外の合計所得金額		
			1,000万円以下	1,000万円超2,000万円以下	2,000万円超
65歳以上	①	330万円以下	110万円	100万円	90万円
	② 330万円超	410万円以下	Ⓐ×25％＋ 27.5万円	Ⓐ×25％＋ 17.5万円	Ⓐ×25％＋ 7.5万円
	③ 410万円超	770万円以下	Ⓐ×15％＋ 68.5万円	Ⓐ×15％＋ 58.5万円	Ⓐ×15％＋ 48.5万円
	④ 770万円超	1,000万円以下	Ⓐ× 5％＋145.5万円	Ⓐ× 5％＋135.5万円	Ⓐ× 5％＋125.5万円
	⑤1,000万円超		195.5万円	185.5万円	175.5万円
65歳未満	①	130万円以下	60万円	50万円	40万円
	② 130万円超	410万円以下	Ⓐ×25％＋ 27.5万円	Ⓐ×25％＋ 17.5万円	Ⓐ×25％＋ 7.5万円
	③ 410万円超	770万円以下	Ⓐ×15％＋ 68.5万円	Ⓐ×15％＋ 58.5万円	Ⓐ×15％＋ 48.5万円
	④ 770万円超	1,000万円以下	Ⓐ× 5％＋145.5万円	Ⓐ× 5％＋135.5万円	Ⓐ× 5％＋125.5万円
	⑤1,000万円超		195.5万円	185.5万円	175.5万円

※受給者の年齢は、その年の12月31日の年齢による（年の中途で死亡し又は出国した場合は、その死亡又は出国の日の年齢による）。

贈与税の速算表 （税額の求め方＝Ａ×Ｂ－Ｃ）

受贈者		一般の受贈者		20歳以上の直系卑属である受贈者（R4.4.1以後の贈与は18歳以上）	
基礎控除及び配偶者控除後の課税価格　Ａ		税率（一般税率）Ｂ	控除額Ｃ	税率（特例税率）Ｂ	控除額Ｃ
超	以下				
200万円以下		10％	0円	10％	0円
200万円	300万円	15％	10万円	15％	10万円
300万円	400万円	20％	25万円		
400万円	600万円	30％	65万円	20％	30万円
600万円	1,000万円	40％	125万円	30％	90万円
1,000万円	1,500万円	45％	175万円	40％	190万円
1,500万円	3,000万円	50％	250万円	45％	265万円
3,000万円	4,500万円	55％	400万円	50％	415万円
4,500万円超				55％	640万円

※1．特例税率の適用を受けるためには、受贈者の戸籍謄本又は抄本を申告書に添付する必要あり。

※2．同年中に一般税率が適用される財産（一般贈与財産）と特例税率が適用される財産（特例贈与財産）がある場合の贈与税額は、以下の①と②の合計額となる。

①（Ａ × 一般税率）× $\dfrac{一般贈与財産の価額}{一般贈与財産の価額＋特例贈与財産の価額}$

②（Ａ × 特例税率）× $\dfrac{特例贈与財産の価額}{一般贈与財産の価額＋特例贈与財産の価額}$

※3．直系卑属である受贈者が20歳以上であるか否かの判定は、特定の贈与を受けた年の1月1日の現況による。